세상은 돈 잘 버는 아줌마를 원한다!

평범한주부
당당한백만
장자되는법

세상은
돈 잘 버는 아줌마를
원한다!

이가서
Leegaseo publishing

작가의 말

"아빠~! 회사 가지 마, 응? 왜 매일 회사만 가?"

첫아이가 어릴 때 아침마다 현관에서 외쳐 대던 말이다. 아이의 울부짖음은 출근하는 내 마음을 마치 거대한 바윗덩이처럼 무겁게 짓누르곤 했다. 아이가 웬만큼 자라서 이제 그런 아픔은 다시 없으려니 했다. 하지만 8년 뒤 둘째아이가 태어났다.

이제 겨우 네 돌을 넘긴 둘째아이. 주말에 함께 시간을 보내고 나면 이렇게 묻곤 한다.

"아빠. 내일도 회사 가야 돼?"

"응, 가야지 뭐."

아이의 얼굴을 바라보며 나는 최대한 부드럽고 나지막한 목소리로 대답해 준다. 그렇게 하면 아이의 서운함이 조금이라도 덜어지기라도 할 것처럼.

회사, 회사, 그놈의 회사! 회사를 때려치우고 아이들과 집에서 놀고 지내며 돈 버는 방법은 없을까? 부질없는 생각이라는 걸 뻔히 알면서도 마음 한구석에선 영 미련을 떨쳐 버리기 힘들었다.

그러던 어느 날, 방송국 편집실에서 잠시 짬을 내어 AFN(미군 방송)을 시청하고 있을 때였다. 미국에서 최고로 인기 있는 『오프라 윈프리 쇼』가 방송되고 있었다. 그날 『오프라 윈프리 쇼』의 주인공은 평범한 주부에서 백만장자가 된 사람들이었다. 솔깃했다. 그들은 모두, 아이들을 키우며 집에서 사업을 시작해 성공한 주부들이었다. 감동적이었다. 그 후 나는 성공한 주부들에 대한 자료를 틈틈이 수집하기 시작했다. 인터넷도 뒤지고, 해외에서 책도 구입하고…….

　나는 주부는 아니지만 아이들과의 시간이 얼마나 소중한지 너무도 잘 알고 있다. 아이를 키우는 일이 얼마나 힘든 일인지도 잘 안다. 기저귀를 갈고, 목욕을 시키고, 우유를 먹이고, 놀아 주고……. 나 자신도 집에 있는 시간이면 이런 일을 단 한 번도 마다하지 않았다. 내가 사랑하는 아이들이니까.

　언젠가 지하철역에서 두 아이와 계단을 오르는 한 엄마를 본 적이 있다. 한 손에 큰아이의 손을 잡고, 등에는 작은아이를 업은 채 힘겹게 계단을 오르고 있었다. 괜히 가슴이 뭉클했다.

　내가 저 아이를 번쩍 안아 계단 위에 올려 줘도 좋으련만……. 그들이 계단 위로 사라질 때까지 한참 동안 바라보았다. "어린애를 안고 있는 엄마처럼 보기에 아름다운 것이 없고, 여러 아이들에 둘러싸인 엄마처럼 경애를 느끼게 하는 것도 없다." 독일 시인 괴테가 읊은 말이다. 나도 어서 집에 달려가 아이들을 보고 싶었다.

　우리나라 주부들은 서양 주부들보다 희생의 강도가 강하다. 그러면서 스스로의 삶을 살 기회는 오히려 더 적다. 주부들은 아이들을 위해 온갖 희생과 고통을 감내한다. 아이들이 바로 자신의 인생이라 여긴다. 그러다가 아이들이 자라서 서서히 둥지를 벗어나기 시작하면 공허감이 밀려든다. 물론 이 책에는 이보다 더한 고통을 겪은 주부들도 많이 등장한다. 아이들을 다 키워 놓고 나니 실컷 뒷바라지해 줬던 남편이 돌연 이혼을 선언해 버리는 경우다. 그럴 때의 허탈감이나 공허감이야 오죽 할까? 내 인생은 이제 어디서 찾아야 하나? 그 공허함을 어떻게 채워야 할까?

이 책은 일확천금을 얻는 비결을 귀띔하기 위한 것이 아니다. 그렇다고 돈벌이 기술에 관한 책도 아니다. 오히려 이 책은 주부들이 느끼는 공허함을 채워 주기 위한 작은 선물이다. 역경에 처한 주부들이 어떻게 고난을 딛고 일어섰는지, 아이를 키우면서 어떻게 꿈을 이뤄 나갔는지, 진정한 성공이란 과연 무엇인지를 깨닫게 해 줄 것이다. 이 책이 주부들 가슴 속의 작고 공허한 공간이나마 채워 줄 수 있기를 기원한다. 마지막으로, 나에게 끝없는 힘과 웃음을 주는 나의 딸 선유, 아들 제현에게 고마움을 전하고 싶다.

2004년 가을
김상운

추천사

"마음을 우울하게 하는 뉴스가 많이 나오는 요즘, 이 책을 통해 나는 따스한 감동을 느꼈다. 사회에서 소외받거나 가난하거나 평범한 주부들이 일상에서 얻을 수 있는 작은 아이디어로 부자가 된 이야기들을 읽으며, 기회는 준비된 사람에게 어느 날 갑자기 찾아온다는 것을 새삼 느꼈다. 9시 뉴스를 진행하는 내내 이렇게 훈훈한 내용들을 방송할 수 있으면 얼마나 좋겠는가?"

엄기영_ MBC 『뉴스데스크』 앵커 겸 특임이사

"집안에서 자신이 더 이상 필요한 존재가 아닌 듯 느껴질 때, 주부들은 우울증에 빠질 수 있다. 하지만 이 책을 읽고 나니, 그런 걱정이 말끔히 사라졌다. 50세가 넘은 평범한 주부도 어떻게 노력하느냐에 따라 성공할 수도 있기 때문이다. 이 책을 읽은 이 땅의 주부들이 모두 백만장자가 됐으면 하는 바람이다."

고두심_ 탤런트

"세상을 바꾸는 아이디어는 돈이 많거나 IQ가 좋다고 저절로 생기는 것이 아니다. 자신이 좋아하는 일에 늘 관심을 가지고 열정을 쏟다 보면, 남들과 다른 관점으로 바라보게 되고 발상의 전환이 이뤄지게 된다. 이 책에 나오는 37명의 주부들은 모두 이런 공통점이 있었다. 평범한 주부들의 생각에서 나는 경영을 배웠다. 우리 회사의 직원들도 좋은 아이디어를 낼 수 있도록 나도 더 노력할 것이다."

박인구_ 동원 F&B 대표이사

차례

작가의 말 4
추천사 7

● 주부에겐 아이가 '짐'이라고요? 천만의 말씀!
아이 덕분에 백만장자가 된 주부들

아이의 병 고치려고 시작한 천연비누 회사로 천만 달러 벌었어요! 12
우리 아이 좋아하는 비디오 만들다 보니 부자 되더군요! 18
내 아이, 아인슈타인처럼 키우려 열심히 궁리만 했는데도 백만장자 24
좋은 장난감 모아 팔았더니 어느새 수백 억대 부자 30
아기 젖 먹이다 백만 불짜리 히트상품 개발했어요! 36
우리 아기 약한 피부에 딱 맞는 아동복 팔았더니 사업이 커지네요 42

● 한 가지 요리만 잘해도 백만장자 되더군요!
자신 있는 요리 하나로 부자 된 주부들

집에서 만든 쿠키가 8백억 원 버는 기업 될 줄은 저도 몰랐어요! 50
식당 종업원에서 미국 최고의 레스토랑 주인 됐어요! 56
칠전팔기의 정신으로 세계 최고의 스테이크 기술 터득했어요 62
최고의 염소 젖 치즈로 수백만 달러 벌어요! 68
샐러드 가위 만들어 40만 개나 팔았어요! 74

● 역경은 나의 힘!
이혼과 가난의 아픔을 딛고 최고가 된 주부들

나보다 무릎이 더 많이 까진 사람 있나요? 82
억만장자 부동산업자로 기사회생했죠! 88
혼자 아이 셋 키우며 초대형 이삿짐센터 세웠어요 94
이혼의 고통에 자극 받아 광고업계 최고의 커리어 우먼 됐어요! 100
이혼 후 음식 배달부터 시작해 최고의 요리 전문가 됐답니다 106

● 남들이 뭐라 해도 한 가지 일에만 전념했어요!
무쇠도 녹이는 열정으로 부자 된 주부들

나는야 쇠를 자르는 백만장자 무쇠주부! 114
살 빼려고 시작한 운동으로 세계 최대 헬스클럽 세웠어요 120
집 청소만 완벽하게 했는데도 억만장자 사장이 되더군요 126
화장품 판매원으로 130억 원 벌었어요 132
내 어머니 돌보듯 다른 노인들 간병했더니 사업이 뜨네요 136

● 남들보다 빨리 떠오른 아이디어 200% 활용했어요!
반짝반짝 아이디어로 사업에 성공한 주부들

유기농 샐러드를 비닐봉지에 넣어 파는 것도 장사가 되네요? 142
허브 베개 팔아 알부자 됐어요! 148
버찌씨로 베개 만들어 만족한 생활 누려요 154
사담 후세인 얼굴 비누가 대박 나다니! 158
휴대용 변기 빌려 주고 큰돈 벌었어요 162
걸레질하다 돌려 짜는 자루걸레 생각해 냈어요 166

● 좋아하는 일만 열심히 해도 돈과 명예가 따르네요
평범한 취미를 비즈니스로 연결한 주부들

단돈 12만 원으로 시작한 보디 케어 사업으로 갑부 됐어요! 174
색다른 분위기의 요가 수련원 만들었더니 수강생들이 몰리네요? 180
강아지 때문에 시작한 애견 헬스클럽으로 백만장자 됐어요! 186
아이들을 위한 유아원 체인으로 부자 될 줄이야! 190
좋은 동화책을 모았을 뿐인데 억만장자 돼 있더군요! 196

● 남들과 똑같은 건 절대 사절!
틈새시장 공략으로 성공한 주부들

주부들을 위한 안성맞춤 주방용품 만들어 8천억 원 벌었어요! 204
남들과 다른 디자인의 선물 바구니를 기업체에 납품하고 있어요 210
단짝 친구와 함께 만든 특별한 짐 가방으로 백만장자 됐어요! 216
가족처럼 편안한 심부름 업체 만들었더니 회사 규모가 커지네요 220
개성 있는 도자기 세트 만들었더니 억만장자가 됐어요! 224

주부들에겐 아이가 세상에서 가장 소중한 '선물'이다. 하지만 아이 키우기에 전념하다 보면, 사회생활을 하거나 직업을 갖는 건 뒷전일 수밖에 없다. 내가 방송 일을 하면서 만난 주부들 중엔 아이가 태어난 뒤 아무 일도 하지 못했다고 얘기하는 이들이 많았다.

하지만 여기, 아이를 키우면서 떠오른 생각을 사업 아이디어로 연결해 백만장자가 된 여섯 명의 주부들이 있다. 이들의 성공비결은 과연 무엇일까?

아 이　덕 분 에　백 만 장 자 가　된　주 부 들

주부에겐 아이가 '짐'이라고요?
천만의 말씀!

아이의 병 고치려고 시작한 천연비누 회사로 천만 달러 벌었어요! | *아밀리아 안토네티*

우리 아이 좋아하는 비디오 만들다 보니 부자 되더군요! | *셰릴 리치*

내 아이, 아인슈타인처럼 키우려 열심히 궁리만 했는데도 백만장자 | *줄리 에이그너 클라크*

좋은 장난감만 모아 팔았더니 어느새 수백 억대 부자 | *레인 네메스*

아기 젖 먹이다 백만 불짜리 히트상품 개발했어요! | *재클린 맥크랙킨-호우크*

우리 아기 약한 피부에 딱 맞는 아동복 팔았더니 사업이 커지네요 | *군 덴하트*

아이의 병 고치려고 시작한 천연비누 회사로 천만 달러 벌었어요!

Amilya Antonetti

아밀리아 안토네티 |
천연비누 회사 '소프웍스 Soapworks' 사장
www.soapworks.com

천연비누 회사 소프웍스는 창사 8년 만에 매출액 1천만 달러의 실적을 올렸다. 미국 전역 수천 개 건강식품 매장에 상품이 진열돼 있으며, 인터넷 판매량도 대단하다. 소프웍스의 본사는 미국 LA에 있으며 제조와 판매는 협력업체를 활용하고 있다.
창립자인 아밀리아 안토네티는 평범한 주부였지만, 아이의 아토피 피부염을 고치기 위해 노력하다 보니 어느새 갑부가 돼 있었다. 그녀는 어떻게 성공했을까?

제발, 우리 아기의 병을 고쳐 주세요!

그 날은 일찍 퇴근한 남편과 저녁을 먹었고, 갓 태어난 아기를 보며 즐거운 한때를 가졌다. 가진 돈도 없었고 남편의 월급만으로 근근이 살아가는 형편이었지만, 그녀는 '행복이 뭐 별건가?' 하는 생각으로 잠자리에 들었다. 그때까지만 해도 앞으로 어떤 일이 벌어질지 생각조차 못했다. 그러고 보면, 나쁜 일은 어느 날 느닷없이, 아무런 준비도 없는 때에 일어나는지도 몰랐다.

이제 막 잠이 들려던 참이었다. 갑자기 아기가 울어 대기 시작했다. 그녀는 벌떡 일어나 아기 방으로 달려갔다. 아기는 금방이라도 숨이 넘어갈 것 같았다. 얼른 안아 얼러 보았지만 소용이 없었다. 혹시나 싶어 옷을 들쳐 봤더니, 아기의 몸에 빨간 반점들이 가득 돋아 있었다.

"여보, 왜 그래? 무슨 일이야?"

어느새 옆에 다가온 남편이 잠이 덜 깬 얼굴로 한마디 던졌다. 그리고 발진으로 새빨갛게 된 아기의 몸을 보고 깜짝 놀랐다. 부부는 곧바로 아기를 안고 병원으로 달려갔다.

'혹시 아기의 몸이 썩어 들어가는 건 아닐까, 몹쓸 병에 걸린 거면 어떻게 하지, 설마 괜찮을 거야.'

이런저런 생각을 하다 보니, 좋지 않은 예감만 자꾸 떠올랐고 20분이면 도착하는 병원 가는 길이 두 시간 이상 달린 것처럼 길게만 느껴졌다.

"다른 이상 증세는 없는데……. 복통인 것 같군요."

부부의 걱정과는 달리 아기의 병은 가벼운 복통이었다. 다행이었다. 약을 먹인 후엔 증상도 나아졌고, 다시 방긋거리고 웃기 시작했다. 그때서야 그녀는 마음을 놓을 수 있었다.

하지만 이게 웬일인가? 다 나은 줄 알았던 아기는 일주일도 채 못 돼 다시 울기 시작했다. 까무러칠 듯 울어 대는 모습이 지금 당장 응급실에 가야 할 것만 같았다. 하지만 한밤중엔 병원에 가 봐야 주치의가 없기 때문에 부부는 아기를 달래며 아침까지 뜬눈으로 밤을 새웠다. 결국 아기는 정밀검사까지 받게 됐다.

"현대 의술로는 고치기 어렵습니다. 아직 밝혀지지 않은 희귀병인 것 같습니다."

검사를 마친 의사는 이렇게 말했다. 그녀는 딛고 있던 땅이 한꺼번에 무너져 내리는 것만 같았다.

아기는 왜 화요일만 되면 아플까?

의사의 절망적인 진단이 있었지만, 그녀는 포기하지 않았다. 미국 전역의 용하다는 의사들을 찾아다녔고, 별의별 치료를 모두 받았다. 하지만 아기의 병은 전혀 차도가 없었다. 처음엔 가슴이나 등에만 생겼던 반점이 다리나 팔까지 옮겨 다니며 점점 심해졌다. 아기는 한번 발작하면 몇 시간 동안 목청이 터져라 울어 댔다. 금방 숨이 넘어갈 것처럼 고통스런 울음이었다.

'두고 보라지. 의사들이 못하면 내가 할 거야. 내 아기에 대해 가장 잘 아는 사람은 엄마인 내가 아니겠어?'

병원을 찾아다닌 지 얼추 1년이 지났을 때, 그녀는 문득 이런 생각이 들었다. 자꾸 돌아다녀 봤자 병이 더 심해질 뿐이니, 자신의 힘으로 아기를 고치리라 마음먹은 것이다. 이때부터 그녀는 집에서 벌어지는 모든 일들을 낱낱이 기록하기 시작했다. 특히 아기와 조금이라도 관련된 일들은 꼼꼼히 적었다.

그렇게 두 달 정도 지난 어느 날 밤이었다. 아기를 재운 후, 그녀는 그동안 써 왔던 일기를 뒤적이다 놀라운 사실 하나를 발견했다. 아기가 아픈 날은 매주 화요일이었던 것이다. 도대체 왜 그럴까? 화요일에 무슨 특별한 일이 있기에 아기가 발작을 일으킨 것일까?

다시 일기를 꼼꼼히 살펴봤다. 원인은 하나인 것 같았다. 그녀는 매주 월요일마다 대청소를 했고, 그날 밤이면 아기는 발작을 일으켰으며, 화요일 아침이면 어김없이 병원을 찾아야 했던 것이다.

'청소할 때 쓰는 세제나 세척제가 원인이 아닐까?'

화학 세제가 아이들이나 암 환자, 에이즈 환자 등의 면역기능을 떨어뜨린다는 뉴스를 봤던 게 떠올랐다. 그녀는 혹시나 하는 마음에 화학 물질이 들어간 세척제를 쓰지 않고 청소를 해 봤다. 놀랍게도 아기는 발작을 일으키지 않았다. 몸의 발진도 눈에 띄게 줄어들었다. 아기는 화학 성분의 세제에 아주 민감했던 것이다.

아기를 위한 천연비누 만들기

그 일이 있은 뒤부터 그녀는 화학 물질이 함유되지 않은 비누나 세제가 시중에 판매되고 있는지 찾아보기 시작했다. 어딘가에서 분명히 팔고 있을 거란 생각에 열심히 알아봤지만, 천연 성분의 세제를 파는 곳은 어디에도 없었다.

고민 끝에 그녀는 자신의 할머니에게 전화를 걸었다. 할머니는 식초, 레몬, 베이킹 소다 등을 이용해 빨래는 물론 설거지에 청소까지 했다. 또 집에서 손수 비누를 만들어 사용해 왔던 것이다.

그녀는 자초지종을 설명하고, 할머니에게 천연비누 만드는 법을 배웠다. 이렇게 만든 비누로 아기를 목욕시켰더니, 발진은 물론 발작까지 완전히 사라졌다. 참 신기한 일이었다.

아기의 병이 말끔히 나은 후, 그녀는 더 놀라운 사실을 알게 됐다. 이웃이나 주변 사람들 중에도 그녀의 아기가 앓았던 병과 비슷한 증세를 가진 이들이 많았던 것이다. 그녀는 이웃 엄마들에게 자신이 만든 비누를 써 보라고 건네주기 시작했다. 누구나 비누를 마음에 들어 했다. 특히 알레르기를 앓거나 면역기능이 약한 아이를 키우는 엄마들의 반응은 즉각적이었다.

"죄송하지만, 더 얻을 수 없을까요? 그 비누를 썼더니, 우리 아기의 알레르기 증세가 싹 사라졌어요."

"비누를 좀 많이 만들어서 제게 팔 순 없나요? 돈은 두둑하게 드릴 테니까요."

비누를 써 본 사람들의 반응은 한결같았다. 처음엔 공짜로 나눠 줬지만, 결국 그녀는 100% 천연비누를 만들어 팔아야겠다는 생각까지 하게 됐다. 물론 사업은 쉽지 않았다. 돈이 없어, 집도 팔고 차도 팔고 예금까지 모두 털어야 했고, 창업에 필요한 정보는 무조건 다른 사람들에게 물었다. 그녀를 돕기 위해 남편까지 직장을 그만뒀다.

가정은 내 행복의 중심

그렇게 시작한 천연비누 사업이 벌써 8년이 넘었고, 사업 규모도 급성장했다. 지독한 알레르기로 가슴을 덜컹하게 만들던 아들은 이제 초등학교에 다니고 있다.

현재 그녀가 가장 중요하게 생각하는 것은 일과 가정 사이의 균형이다. 그녀는 매일 새벽 5시에 일어나는데, 아들을 깨워 학교에 보내기 전까지 한 시간 정도 여유를 갖기 위해서다. 6시부터 아침식사 준비를 하고 아들을 스쿨버스 타는 곳까지 데려다 주고 돌아오면, 집에서 일을 시작한다.

점심은 주로 고객들과 먹고, 늦어도 오후 3시 전에는 반드시 귀가한다. 아들이 학교에서 돌아오면 숙제나 공부를 봐 줘야 하기 때문이다. 저녁식사를 끝낸 뒤엔 다시 밤늦게까지 사업에 관계된 일을 챙긴다.

그녀가 사업을 하게 된 것은 결국 아이 때문이었다. 그런 만큼 무슨 일이든 아이가 먼저다. 아무리 많은 돈을 번다고 해도 아들이나 남편이 행복하지 않으면 아무 소용이 없다는 것을 그녀는 잘 알고 있다. 그렇다고 일을 게을리 하거나 운동 등의 자기관리를 소홀히 하는 법도 없다. 결국 행복은 가정에서부터 시작한다는 작은 진리를 깨달았기 때문이다.

▌아밀리아 안토네티의 성공 포인트 3가지

1. 의사의 절망적인 진단에도 굴하지 않고 답을 찾기 위해 적극적으로 나섰다.
2. 아기를 위해 '친언니누'란 아이디어를 생각해 내고 만들었다.
3. 다른 아기들도 같은 증상에 시달릴 수 있다는 점에 착안, 사업을 시작했다.

우리 아이 좋아하는 비디오 만들다 보니 부자 되더군요!

S h e r y l   L e a c h

셰릴 리치 |
유아 비디오 『바니와 친구들 Barney and Friends』의 제작자
www.hitentertainment.com/barney

세계 100여 개국의 TV에서 방영되고 있는 『바니와 친구들』 시리즈는 6세 미만 어린이들에게 가장 인기 있는 프로그램이다. 미국 예일대의 연구 결과, 어린이들이 화학치료를 받거나 MRI를 촬영하기 전에 바니 인형을 안고 있으면 불안감이 크게 완화되는 것으로 나타났을 정도다.
바니의 인기가 계속되면서 셰릴 리치는 억만장자가 됐다. 하지만 그녀도 한때 평범한 주부였다는 것을 아는 사람은 그리 많지 않다.

산만한 우리 아이, 꼼짝 못하게 만드는 신통방통 비디오

1987년 여름, 미국 텍사스 주의 어느 도로. 세상은 온통 한여름 열기로 가득 차 있었다. 이글거리는 햇빛에 아스팔트가 녹아내렸고, 꼬리에 꼬리를 문 차들로 도로는 꽉 막혀 버렸다. 언제쯤 이곳을 벗어나 원하는 비디오를 얻게 될지 그녀는 알 수 없었다.

'큰일 났네. 지금쯤 엄마를 찾으며 한창 울고 있을 텐데……'

그녀는 아이 생각에 조급해지기 시작했다. 두 살이 막 지난 아들은 걸핏하면 보채거나 울어 댔고, 한 가지 일에 집중하지도 못했다. 사고라도 날까 싶어 잠시도 눈을 뗄 수 없을 정도였다. 그런데 산만한 아이를 꼼짝 못하게 만드는 신통한 물건이 하나 있었다. 바로 비디오였다.

아이는 『우리 함께 노래해요 We Sing Together』란 제목의 비디오만 틀어 주면, 다른 것은 거들떠보지도 않았다. 홀린 듯 비디오를 따라 노래도 하고 춤도 추었다. 비디오테이프가 너덜너덜해질 정도로 열심히 보는 아이를 위해 그녀는 후속편을 사 줄 생각으로 길을 나섰던 것이다.

"그게 요즘 얼마나 인기 있는데요? 다 팔리고 하나도 없어요. 진작 사지 그랬어요?"

그녀의 마음을 아는지 모르는지, 비디오 가게 주인은 야속하게 말했다.

"그래도 비디오를 만들어 팔 거 아니에요? 다음 편 사려면 얼마나 더 기다려야 하죠?"

"아마 6개월도 넘게 걸릴걸요? 그걸 사려는 부모들이 줄줄이 늘어섰으니까."

가게 문을 나서자 슬슬 화가 나기 시작했다. 아이들이 그렇게 좋아하는 비디오가 왜 하나뿐이란 말인가? 그런 비디오를 찾는 엄마와 아이들이 미국에만 줄잡아 수백만 명이나 될 텐데…….

그녀는 자신도 모르게 소리쳤다.

"그래, 내가 직접 만드는 거야."

지나가는 사람들이 이상하게 쳐다봤지만 상관없었다. 아이들이 좋아하는 비디오를 꼭 만들고 말겠다는 포부로 가슴이 벅차올랐기 때문이다.

어른들은 왜 아이들이 좋아하는 비디오 내용을 모를까?

그날부터 그녀는 아들을 유심히 관찰하기 시작했다. 여러 종류의 비디오를 틀어 주고, 아이가 어떤 장면에서 가장 큰 관심을 나타내는지, 또는 외면하는지 등을 유심히 지켜보고 메모했다. 결과는 간단했다. 아이는 눈에 익은 것들이 신나는 음악과 함께 알록달록 화려한 영상으로 구성된 장면을 좋아했다. 또 어른보다는 또래 아이들이 나오는 장면에, 그리고 정적인 것보다는 동적인 장면에 반응을 보였다.

1차 자료조사가 끝난 후, 그녀는 비디오 제작 회사를 운영하고 있는 시아버지에게 전화를 걸어 자신의 아이디어를 설명했다. 아이들이 좋아하는 장면만을 넣어 새로운 비디오를 제작하자는 내용이었다. 시아버지의 반응은 호의적이었다.

그녀는 중역회의에 참가해 무려 두 시간 동안 자신의 아이디어를 설명했다. 고개를 끄떡이는 사람도 있는 걸 보니, 분명 좋은 결과가 나올 것 같았다. 그런데 이게 웬일인가? 며칠 뒤 시아버지는 실망스러운 소식을 전화로 알려 왔다.

"얘야, 아무리 사장이라도 나 혼자 결정할 수는 없단다. 임원들은 우리처럼 작은 회사가 뒤늦게 홈 비디오 시장에 뛰어드는 게 무리라고 하는구나. 덩치 큰 회사들이 이미 판매망을 독점하고 있거든. 아무래도 힘들 것 같구나."

그녀는 도무지 이해가 되지 않았다. 확실한 수요가 있고, 신상품에 대한 구체적인 아이디어도 나와 있는데 왜 만들지 말자는 것인지……. 하지만 포기할 수 없었다. 결국 시아버지에게 사업 초기 자금을 빌려서라도 비디오를 제작하기로 마음먹었다.

사업이라곤 전혀 모르는 며느리 일에 끼어들었다가 낭패를 당할 게 걱정스러웠던 걸까? 시아버지는 그녀에게 몇 번씩이나 다짐을 놓으며 이렇게 말했다.

"그런데 이건 분명히 해 두자. 나는 처음 비디오 제작하는 비용만 지원해 줄 생각이다. 그 뒤엔 네가 다 알아서 하는 거야."

그조차 감지덕지였다. 정말 재미있는 비디오를 만들 자신감으로 꽉 차 있었던 그녀는 큰소리로 외쳤다.

"아버님, 고맙습니다. 조금도 걱정하지 마세요."

곰 인형 바니가 공룡 바니가 된 이유는?

그녀는 TV 프로듀서 경험이 있는 친구들을 불러 모아 본격적인 비디오 제작에 나섰다. 처음엔 '바니'란 이름의 테디 베어가 등장하는 비디오를 제작할 계획이었다. 아이라면 누구나 테디 베어를 안고 다니길 좋아하기 때문이다. 곰 인형 바니의 춤과 노래에 맞춰 아이들도 신나게 따라할 거란 생각이 들었다.

그녀의 생각이 바뀐 것은 아들과 함께 공룡 전시장을 찾아갔을 때였다.

"엄마, 공룡! 공룡!"

"어휴! 굉장히 크지? 무섭지 않니?"

아이는 계속 공룡을 가리키며 자리를 떠날 줄 몰랐다. 가만히 살펴보니 다른 아이들도 마찬가지였다. 그녀는 예전에 교사로 근무한 적이 있었기 때문에 아이들이 유난히 공룡을 좋아한다는 사실을 이미 알고 있었다.
'그래, 곰이 아니라 공룡이다.'
그녀는 동료들을 급하게 불렀다. 모두들 그녀의 의견에 찬성했다.
다음 단계는 캐릭터. 공룡 바니를 어떤 형태로 만들지가 문제였다. 그녀는 일단 눈을 크게 만들기로 했다. 눈이 작으면 아이들이 화난 표정으로 착각하기 때문이다. 또한 아이들은 무서운 동물을 본능적으로 싫어하기 때문에, 몸통은 둥글둥글하게, 날카로운 이빨과 발톱은 작고 귀엽게 만들었다.

힘내라 힘! 엄마 판매부대의 대활약
비디오 제작을 끝낸 뒤, 그녀는 '엄마 판매부대'를 조직했다. 당시만 해도 인터넷이 없었기 때문에, 엄마들보다 더 좋은 영업사원은 없었다. 이들은 비디오 가게나 장난감 가게를 누비며, 다른 엄마들에게 비디오를 팔거나 전화로 엄마들을 설득했다.
그녀는 또 비디오 가게 근처의 유아원이나 유치원을 골라 집중적으로 비디오를 기증했다. 유아원 등지에서 비디오를 틀어 주면, 아이들은 집으로 돌아가 엄마에게 바니 비디오를 사 달라고 조를 것이 틀림없었다. 그리고 엄마들이 비디오 가게에 가면 '엄마 판매부대'들이 배포한 바니 비디오가 진열돼 있을 테니 판매에 불이 붙을 건 당연했다. 그녀의 전략은 적중했다. 바니를 본 아이들은 흠뻑 빠졌다.
바니 비디오는 미국 공영방송 PBS 부사장의 딸까지 열광시켰다. 딸의 모습을 본 부사장은 그녀에게 전화해 TV 시리즈로 만들자고 제안했다. 이렇게 탄생한 바니 시리즈는 PBS 유아 프로그램으로는 처음으로 시청률 1위를 차지했다.

그러던 어느 날 PBS에서 전화가 걸려 왔다. 방영 중인 시리즈를 중단하겠다는 것이었다. 갑자기 왜 그런 결정을 내렸는지 알 수 없었지만, 그녀는 싸우기로 했다. 어떻게 해야 할지도 잘 알고 있었다. 바니의 폭발적인 인기를 타고 결성된 팬클럽 엄마들이 방송국 앞에서 매일 '방송 중단 철회' 요구 시위를 벌이도록 유도했던 것이다. 방송 중단 소식에 화가 나 있던 팬들은 방송국 앞으로 쏟아져 나왔다.

"우린 바니를 원한다!"

그들은 이렇게 소리쳤고, PBS 사무실엔 팬들의 항의 전화가 빗발쳤다. 결국 방송국은 백기를 들었다.

이후 그녀는 바니를 주인공으로 한 유아용 영화『바니의 대모험 Barney's Great Adventure』을 제작해 대박을 터뜨리기도 했다. 미국 유니버설 스튜디오에는 바니를 주제로 한 테마공원까지 조성되어 있다.

세릴 리치의 성공 포인트 3가지

1. 내 아이가 좋아하는 비디오에 관심을 가졌다.
2. 자신이 낸 아이디어가 거절돼도 절대 포기하지 않았다.
3. 늘 새로운 것을 만들기 위해 고민했다.

내 아이, 아인슈타인처럼 키우려
열심히 궁리만 했는데도 백만장자

J u l i e   A i g n e r   C l a r k

줄리 에이그너 클라크 |
교육용 비디오 회사 '베이비 아인슈타인 Baby Einstein' 창립자
www.babyeinstein.com

아기의 두뇌발달을 돕는 교육용 비디오 업체 베이비 아인슈타인은 5년 동안 열 편의 비디오를 제작해 2천만 달러에 달하는 매출액을 올렸다. 2003년 뉴욕타임스는 '미국에서 태어난 아기의 32%는 베이비 아인슈타인 비디오를 최소한 한 개 이상 갖고 있다'고 보도했다. 현재 베이비 아인슈타인은 클래식 음악과 시, 자연, 예술, 엔터테인먼트를 흥미롭게 엮어 아기들에게 웃음과 기쁨을 선사해 주는 훌륭한 회사라고 극찬 받고 있다.

우리 아기를 아인슈타인처럼 똑똑하게 키울 방법은?

고등학교 영어 교사로 일했기 때문일까? 첫 아이를 임신한 뒤 집에서 쉬고 있던 그녀는, 유독 아이 교육에 신경이 쓰였다. 읽는 책도 모두 유아교육에 관한 것이었다. 이 가운데 그녀의 눈을 유난히 끄는 책이 있었으니, 바로 사람의 두뇌에 관한 책이었다.

두뇌의 70%는 만 1세가 되기 전에 형성된다. 만 3세가 되면 평생 사용할 두뇌 세포의 대부분이 생성되기 때문에, 이 시기까지의 교육에 따라 아이의 지능발달 수준이 결정된다. 지능발달은 두뇌세포의 숫자보다는 아기에게 얼마나 많은 지적 자극이 가해지느냐에 따라 판가름 난다. 그녀가 특히 깊은 인상을 받았던 부분은 아기에게 여러 나라의 언어를 들려주면 언어 분별 능력이 커져 모국어는 물론 외국어까지 쉽게 배울 수 있다는 연구 결과였다.

그녀는 이 책을 읽은 뒤부터 아기에게 어떤 비디오를 틀어 줄까 고민하기 시작했다. 동네 비디오 가게엔 아기의 지능발달이나 외국어 교육에 도움이 될 만한 것이 없었기 때문이다.

'아기의 두뇌에 자극을 줄, 클래식 음악, 외국어, 예술 등이 한꺼번에 담겨 있는 비디오는 왜 없는 걸까?'

그녀는 늘 궁금했지만, 맘에 드는 비디오를 도무지 찾을 수 없었다. 결국 아무런 준비도 하지 못한 채 아기를 낳게 됐다. 딸이었다.

어느 날 그녀는 갓난쟁이 딸을 유모차에 태우고 유아 비디오 가게를 둘러보고 있었다. 그런데 딸이 유달리 관심을 갖는 비디오가 하나 있었다. 키네틱 아트(작품 자체가 움직이거나 작품 속에 동적인 모습을 표현한 작품) 비디오였다.

'아기들도 비디오만 잘 만들면 관심을 갖는구나!'

이때부터 그녀는 아기가 어떤 음이나 소리, 물건 등에 관심을 갖는지 유심히 관찰해 나갔다. 아기가 관심 갖는 것들과 교육적인 내용을 합친 비디오를 만들어 보겠다는 아이디어가 떠올랐기 때문이다.

모든 재산을 쏟아 부어 만든 첫 번째 비디오

'클래식 음악, 외국어, 아름다운 자연음……. 이런 걸 모두 합쳐 놓을 수 있다면?'

비디오를 만들기로 마음먹은 후, 그녀는 줄곧 이런 생각에 골몰했다. 벌써 두 살이 된 딸과 놀아 주는 틈틈이 고민을 거듭한 결과, 드디어 내용 구상이 끝났다. 그리고 비디오카메라와 조명장치를 빌려 촬영을 마쳤고, 음향 전문가와 그래픽 전문가를 고용해 음악과 화면을 보강했다. 그동안 저축했던 재산을 비디오 한 편에 몽땅 털어 넣었다.

이렇게 해서 탄생한 첫 번째 비디오테이프가 바로 『베이비 아인슈타인』이다. 아인슈타인처럼 똑똑한 아기로 기르고 싶다는 소망이 제목에 담겨 있다.

『베이비 아인슈타인』은 아기들의 귀를 솔깃하게 하는 달콤한 노래와 함께 시작된다. 어항 그림이 나올 땐 뽀글뽀글 물거품 소리가 흘러나온다. 이처럼 아이들의 관심을 끄는 음악을 배경으로, 마치 자장가를 불러주듯 부드러운 목소리의 엄마들이 동화를 들려준다.

동화는 영어뿐 아니라 프랑스어, 독일어, 히브리어, 일본어, 러시아어, 스페인어 등 모두 일곱 개 언어로 녹음되어 있다. 모두 걸음마 수준의 유아들이 사용하는 쉬운 단어로 표현되어 있으며, 때로는 일곱 개 언어로 알파벳을 읽어 주거나 1에서 20까지의 숫자를 천천히 들려주기도 한다. 이 목소리의 주인공들은 인근 학교에서 외국어를 가르치는 다양한 인종의 여성들이다.

교사만 했던 내가 어떻게 해야 비디오를 팔 수 있을까?

시험 삼아 이제 막 세상에 나온 비디오를 딸에게 틀어 줬더니 아주 즐거워했다. 이웃 아기들의 반응도 비슷했다. 자신감을 얻은 그녀는 판매에 팔을 걷어붙이겠노라 결심했다. 하지만 교사로 일한 경력밖에 없는 터라 뾰족한 방법이 떠오르지 않았다. 결국 비디오를 들고 이곳저곳을 찾아다니기 시작했다.

"유아용 비디오를 납품할까 하는데요?"

"어느 회사에서 나오셨죠?"

"이건 제가 직접 집에서 만든 거예요. 아이들이 딱 한 번만 봐도 눈을 못 떼죠."

"저희 가게에선 아마추어 비디오는 안 팔아요. 우린 구멍가게가 아니거든요."

입이 아프도록 설명해 봤자 모욕을 당하기 일쑤였다. 그녀는 고민 끝에 비디오 판매 회사를 찾아가기로 했다. 이미 판매망을 갖춘 업체에 납품할 수만 있다면 저절로 판매 문제가 해결될 거란 생각이 들었기 때문이다.

이름 없는 신상품을 선보일 수 있는 가장 좋은 장소는 역시 장난감 무역박람회밖에 없었다. 그녀는 비디오를 들고 박람회 행사장을 찾았다. 그리고 무작정 '라이트 스타트 Right Start'라는 영유아 비디오 판매 회사의 세일즈맨을 찾아다니기 시작했다. 꼬박 이틀 동안 박람회장을 이리저리 비집고 돌아다닌 후에야 마침내 세일즈맨을 만날 수 있었다.

"이 비디오 한번 보시겠어요?"

"우린 지금 굉장히 바빠요. 새로 출시된 비디오들이 하도 많아서요."

"당장 판매하시라는 말씀은 아니에요. 제발 한번 보기만 해 주셔도……."

"정 그러시면 나중에 전화를 주세요. 박람회가 끝난 뒤."

세일즈맨의 차가운 말 한마디에 그녀는 자리에 털썩 주저앉고 싶었다.

'하필 왜 이런 구차한 일을 시작해 이 고생일까? 다시 편하게 영어 선생이나 하면 되는데, 자존심을 버려 가며 얻은 게 무엇인가?'

죽기 아니면 살기, 판매망을 뚫어라!

좌절은 순간이었다. 쉽게 포기할 바엔 시작도 하지 말았어야 했다. 죽기 아니면 살기로 단단히 마음먹고 덤벼들어도 될까 말까 한 일이 이 세상에 얼마나 많은가? 박람회가 끝난 뒤, 그녀는 라이트 스타트에 비장한 각오로 전화를 걸었다. 회사 간부들에게 탄원서도 띄우고 비디오도 보냈다. 그렇게 며칠이나 지났을까? 드디어 라이트 스타트에서 전화가 왔다. 그녀의 비디오를 판매하기로 결정했다는 것이다.

비디오는 출시되자마자 대단한 인기를 끌었다. 비디오를 본 엄마들은 입소문 내기에 바빴고, 광고도 하지 않았는데 6개월 동안 무려 10만 달러어치가 팔렸다. 영유아 비디오 가운데 최고의 판매실적이었다. 3년 만에 판매액이 무려 4천%나 늘어났으며, 그녀는 이제 수십억 원대의 부자가 됐다.

비디오가 날개 돋친 듯 팔려나가던 어느 날, 라이트 스타트에서 전화가 걸려 왔다.

"아인슈타인 비디오 말고 다른 건 없습니까?"

"네? 지금도 잘 팔리고 있다면서요?"

"한 가지 상품이 히트하면 곧바로 후속 상품이 뒤따라야 되거든요."

"그럼 빨리 새로운 걸 만들어 볼게요."

그녀가 만든 비디오들은 계속해서 좋은 성과를 거뒀다. 비디오를 만들면서 그녀는 30권의 영유아용 동화책도 썼다.

이렇게 인기를 끌다 보니, 그녀의 회사에 군침을 흘리는 거대 미디어 업체들도 많았다. 그녀는 한동안 줄다리기를 하다 지난 2001년 거액을 받고 월트 디즈니사에 베이비 아인슈타인 사를 넘겼다. 하지만 지금까지도 아기들을 위한 좋은 책과 비디오를 만들기 위해 최선을 다하고 있다.

▌줄리 에이그너 클라크의 성공 포인트 3가지

1. 아이디어에 대한 확신을 갖고 무조건 일을 벌였다.
2. 사업을 시작하기 전에 각종 자료를 통해 충분한 시장 조사를 마쳤다.
3. 포기하지 않고 판매망을 뚫기 위해 최선을 다했다.

좋은 장난감만 모아 팔았더니
어느새 수백 억대 부자

L a n e   N e m e t h

레인 네메스 |
교육용 장난감 업체 '디스커버리 토이즈' 창립자
www.discoverytoysinc.com

신호등, 철도, 우체국, 경찰서……. 세계 어린이들이 좋아하는 이 장난감들은 대부분 디스커버리 토이즈 Discovery Toys에서 판매한 것들이다. 이 회사는 평범한 주부였던 레인 네메스가 딸의 교육을 위해 장난감을 사 모은 데에서 시작됐다.
창립 당시엔 조그만 구멍가게 수준이었지만, 현재는 35,000명에 달하는 판매원이 미국 전역과 캐나다를 누빌 정도로 거대한 기업이 되었다. 최근에는 2, 30대 주부들을 판매원으로 무장시켜 중국 시장을 공략하고 있다.

어렵고 힘들었던 젊은 시절

그녀는 영어 교사의 꿈을 안고 대학에서 영문학을 전공했다. 그러나 대학 문을 나선 순간 냉정한 현실이 앞을 가로막고 있을 뿐이었다. 고민 끝에 그녀는 대학원에 진학해 교육학을 공부하기로 했다. 그때까지만 해도 그녀는 영어 교사가 되는 것 말고는 어떤 것도 생각할 수 없었던 것이다. 그러나 석사 학위조차 아무 소용이 없었다. 당시 미국엔 교사 자격증을 가진 졸업생들이 수도 없이 넘쳐나고 있었기 때문이다.

결혼 후에야 그녀는 간신히 유아원 교사로 취직할 수 있었다. 급료는 시간당 1.5달러에 불과했다. 게다가 대학원에 다니고 있던 남편은 쥐꼬리만한 수입조차 없었다.

그녀는 지출을 줄이기 위해 허리띠를 바짝 졸라매야 했다. 널찍하고 비싼 아파트 대신 비좁고 값싼 대학교 기숙사에 들어갔다. 하지만 쪼들리긴 마찬가지였다. 그녀는 어쩔 수 없이 연방정부가 발행하는 식량배급표를 받아 써야 했다. 정부가 극빈자들에게 주는 일종의 구호식량으로 연명해야 했던 것이다.

가난을 벗기 위해 고민하던 그녀는 공무원 시험에 도전했고, 오리건 주립요양원에서 노인들을 보살피는 일을 맡게 됐다. 성실하게 일한 끝에 고위 관리직에까지 올랐고, 남편은 석사과정을 마치고 일자리를 찾았다. 하지만 시골에서는 물리학 전공자가 선택할 만한 직업이 없었다. 부부는 대도시 샌프란시스코로 이사했다.

그녀는 샌프란시스코에 와서도 여전히 교사가 되기 위해 노력했지만 허사였다. 그러던 어느 날 낙담에 빠져 있던 그녀에게 반가운 전화가 걸려 왔다. 가까운 보육센터의 원장을 맡아 달라는 전화였다. 대학 졸업 후 처음 맛보는 행복의 순간이었고 최선을 다해 일했다.

우리 아이를 위한 교육용 장난감이 없다고?

딸을 낳은 후 그녀는 보육센터 원장 자리를 내놓았다. 딸에게 최선을 다하기 위해서였다. 아이가 어느 정도 자라자, 그녀는 다시 보육센터에서 일하기 시작했다. 이번엔 정식 직원이 아니라 파트타임이었다.

그러던 어느 날 그녀는 자신이 근무하는 보육센터에 들어 온 재미있는 장난감 하나를 발견했다. 교육용 장난감이었다.

"우리 아이한테도 이 장난감을 주면 얼마나 좋을까? 두뇌발달은 어릴 때 이뤄진다는데……."

생각난 김에 그녀는 그 장난감을 주문했다. 하지만 공공기관만 구입할 수 있다는 답신이 왔다. 탄원서까지 올렸지만 소용이 없었다. 결국 그녀는 보육센터에 사표를 내고 장난감을 찾기 위해 아기를 유모차에 태우고 돌아다녔다. 하지만 어디에도 눈에 차는 교육용 장난감은 없었다.

'유아들에게 꼭 필요한 장난감이 아무 데도 없다니?'

화가 난 그녀는 장난감 가게를 나서며 마음속으로 외쳤다. 그리고 자신이 직접 교육용 장난감 사업에 뛰어들기로 결심했다. 일단 미국에 판매되고 있는 최고의 교육용 장난감만을 골라낸 뒤 전문점을 차리는 것이었다. 남편도 대찬성이었다.

교육용 장난감을 찾아 미국 방방곡곡을 누비다

그녀는 1977년 디스커버리 토이즈란 이름의 회사를 차린 후 아이들의 지능발달에 가장 효과적인 교육용 장난감을 찾아 나섰다. 미국 전역에서 열리는 이름난 장난감 무역박람회는 무조건 쫓아다녔다. 하지만 가는 곳마다 실망의 연속이었다. 교육 목적으로 쓸 만한 장난감은 아무리 눈을 비비고 뒤져 봐도 찾을 수 없었던 것이다.

그녀는 지친 몸으로 친구와 함께 박람회 행사장의 마지막 부스로 터덜터덜 걸음을 옮겼다.

"레인, 이게 이제 마지막 부스야."

"알아. 이번에도 못 찾으면 어떡하지? 공연히 사업을 하겠다고 뛰어든 걸까?"

아무래도 잘못 시작한 것 같다는 생각까지 들었다. 하지만 마지막 부스에 들어선 순간, 그녀는 깜짝 놀랐다. 친구의 얼굴도 환해졌다. 그토록 찾아 헤맸던 교육용 장난감들이 마지막 부스 구석에 놓여 있었다. 그녀는 재빨리 장난감 상자들을 마구 풀어헤쳤다. 부스 주인은 영문을 몰라 한동안 멍하니 지켜보고만 있었다. 대량으로 주문을 하자 그때서야 미소를 지었다.

주문한 장난감들은 며칠 뒤 배달됐다. 비좁은 기숙사 아파트는 거실, 침실, 부엌 할 것 없이 온통 장난감으로 넘쳐났다. 이렇게 일을 벌여 놓고 보니 슬그머니 겁이 나기도 했다. 산더미처럼 쌓인 저 장난감들을 팔지 못하면 빠듯한 살림은 더 어려워질 게 틀림없었다. 과연 어떻게 해야 잘 팔 수 있을까?

전직 교사들을 판매원으로 활용하라!

'장난감 판매원 급히 구함. 전직 교사 환영.'

그녀는 각종 매체에 구인 광고를 냈다. 평소 어린이 교육에 관심이 많은 교사들이 교육용 장난감을 팔면 효과적일 거란 생각이 들었기 때문이다. 판매원을 스무 명 정도 뽑은 후 이들에게 각각 담당 지역을 정해 주고, 홈 파티를 열도록 했다.

홈 파티는 말 그대로 집으로 동네 주부들을 불러 모아 음료와 다과를 내놓는 가벼운 파티를 말한다. 주부들이 모이면 수다를 떨게 마련이므로, 분위기가 무르익었을 때쯤 판매원이 교육용 장난감 보따리를 풀어 놓고 일종의 제품 설명회를 갖는 것이다. 주부들은 설명을 들으며 난생 처음 보는 장난감을 이리저리 꼼꼼하게 만져 본다. 궁금한 점이 있으면 서슴없이 질문도 던진다.

"이건 보통 장난감과 어떻게 다르죠?"

"보통 장난감은 아이들이 몇 시간 갖고 놀다 보면 금방 싫증을 내죠. 하지만 교육용 장난감은 스스로 머리를 짜내서 여러 모양을 만들 수 있어 싫증을 덜 낸답니다. 게다가 두뇌까지 자극하니 일석이조가 따로 없는 셈이죠."

판매원들은 어떤 장난감을 어떻게 가지고 놀 때 최대의 효과가 나타나는지 친절하게 소개한다. 대부분 교사 출신이라 능숙하고 설득력 있게 설명해 낸다. 한 주부가 장난감을 구입하면, 다른 주부들도 뒤질세라 서로 사겠다고 나서게 마련이다. 홈 파티는 주부들의 이런 심리를 노린 판촉행사인 셈이다.

디스커버리 토이즈는 창업 첫해에 2만 달러어치의 장난감을 팔았다. 판매량이 꾸준히 늘면서 회사 본부도 기숙사 아파트의 좁은 부엌에서 널찍한 곳으로 옮겼다. 그녀는 사업을 좀더 크게 벌여도 승산이 있을 것 같아 형부에게 5만 달러를 빌렸다. 이 돈으로 교육용 장난감은 물론 교육용 게임이나 서적에, 컴퓨터 소프트웨어까지 개발해 판매했다. 판매원들의 수도 40명으로 늘렸다. 그러자 공급물량이 달려서 주문을 못 받는 경우가 많아졌다. 이럴 땐 소비자들에게 사과 편지 띄우랴, 환불해 주랴, 정신이 없을 정도였다.

세계적인 장난감 왕국의 신화를 일궈낸 그녀는 현재 경영 일선에서 물러났다. 1997년 '아본 프러덕츠 Avon Products'에 경영권을 넘겨주고 자신은 은퇴한 것이다. 하지만 완전히 인연을 끊은 건 아니다. 회사 이름은 여전히 디스커버리 토이즈이고, 그녀는 회사의 자문을 맡아 새로운 신화 창조에 기여하고 있다.

▌레인 네메스의 성공 포인트 3가지

1. 아이의 지능발달에 도움이 되는 장난감을 찾아 적극적으로 나섰다.
2. 모든 부모들이 원하는 아이템인 '교육용 장난감'을 사업으로 연결시켰다.
3. 교사들을 전문 판매직원으로 활용했다.

아기 젖 먹이다
백만 불짜리 히트상품 개발했어요!

Jacqueline McCracken-Houck

재클린 맥크랙킨-호우크 |
젖먹이용 부착식 팔소매 '슬랭킷 Slanket' 판매업체 창업
www.babygoodies.com

재클린 맥크랙킨-호우크는 대학 시절 베이비시터 아르바이트를 하다가 떠오른 아이디어로 젖먹이용 부착식 팔소매를 만들어 과제물로 제출했다. 오랫동안 아이디어를 묵혀 놓기만 하다가 1998년 아이 엄마가 된 후에야 이 제품에 슬랭킷이란 이름을 붙이고 인터넷 판매에 들어갔다. 이후 5년 동안 판매량이 열 배나 늘어났고, 지금은 한 달 동안 웹사이트를 방문하는 사람만도 3만 명에 달한다. 그녀는 눈 깜짝할 새에 백만장자가 되었으며, 주부 대상의 토크쇼에도 출연했다.

아기 봐 주는 아르바이트 하다 젖먹이용 부착식 팔소매 만들었어요!

뉴욕의 여름은 몹시 덥다. 그 날 역시 바람 한 점 불지 않는 후덥지근한 날씨였다.

그녀는 대학생이었다. 모든 게 비싼 뉴욕에서 대학을 무사히 졸업하려면 아르바이트가 필수였다. 그녀 역시 아기를 봐 주는 아르바이트를 하고 있었다. 더운 여름날, 현관 의자에 앉아 아기에게 우유를 먹이고 있으려니 어느새 이마엔 땀이 맺혔다.

그녀가 잠시 땀을 닦는 사이, 플라스틱 우유병의 젖꼭지를 놓친 아기가 울음을 터뜨렸다. 그럴 수밖에 없었다. 아기를 안고 있는 그녀의 팔뚝이나 아기 머리나 모두 땀에 젖어 미끌미끌했다. 아기는 힘껏 젖꼭지를 빨기 위해 안간힘을 쓰고 있었지만, 머리가 자꾸 미끄러져 젖꼭지를 놓치기 일쑤였다.

'아기의 머리를 쉽게 받칠 수 있도록 한쪽 팔뚝만이라도 고정시켜 주는 소매 옷은 없을까?'

바로 그때였다. 불현듯 기가 막힌 아이디어가 번개같이 뇌리를 스쳤다. 마침 대학 졸업과제물 중 하나가 '기발한 신상품 아이디어'를 내는 것이었다. 그녀는 당장, 아기에게 젖을 먹일 때 팔뚝에 부착하는 팔소매를 만들었다.

비록 바느질이나 재봉질엔 털끝만큼의 재능도 없는 그녀였지만, 천을 잘라 팔소매 모양을 만들고 지퍼를 붙이니 그럴싸했다. 과제물을 본 학생들과 교수는 일제히 탄성을 올렸다.

"이거 정말 좋은 아이디어야. 특허 한번 내 보지?"

"특허를요?"

"그래. 상품화하면 정말 히트할 거야."

하지만 아직 어렸던 그녀는 과제물을 특허까지 낼 필요가 있을까 하는 생각에 주변의 권유를 흘려듣고 말았다. 그녀에게 찾아온 첫 번째 기회를 놓친 셈이었다.

아이디어 제품으로 특허를 내다

대학을 졸업한 뒤, 그녀는 초등학교 교사로 취직하고 결혼도 했다. 부착식 팔소매 따위는 까맣게 잊고 몇 년의 시간이 흘렀다. 그러다 아이를 낳아 기르면서 아르바이트할 때의 생각이 저절로 되살아났다. 팔뚝에 아기 머리를 올려놓고 우유를 먹이려니 팔이 지끈지끈 아플 뿐 아니라 아기 머리가 자꾸만 미끄러져 내렸던 것이다.

"졸업과제물로 제출했던 부착식 팔소매가 정말 필요한 거였군. 이럴 줄 알았으면 버리지 말고 잘 보관해 둘 걸 그랬어."

그녀는 기억을 더듬어 가며 팔소매를 다시 만들었다. 어느 날 팔소매를 낀 채 공원 벤치에 앉아 아기에게 젖을 먹일 때였다. 지나가던 동네 아주머니들이 발걸음을 멈추고 물었다.

"어, 그거 어디서 샀어요?"

"제가 직접 만들었어요."

"참 편리하겠는데? 아주 사업을 벌여도 되겠어."

"과연 사람들이 이런 걸 사 갈까요?"

"그럼요, 백만 달러짜리 아이디어예요!"

그때서야 일단 특허만이라도 받아 놓아야겠다는 생각이 퍼뜩 떠올랐다. 누가 아이디어를 슬쩍해 버리면, 모처럼 떠오른 아이디어가 물거품이 되어 버리니까 말이다.

하지만 그녀는 사업에 대해서는 하나도 몰랐다. 대학을 마친 후 10년간 줄곧 초등학교 교사 생활만 해 왔으니 특허를 어떻게 출원해야 하는지조차 알 수 없었다. 결국 전화번호부를 뒤져 특허 전문 변호사를 찾아냈다. 전화를 걸어 특허출원 절차를 물었다.

"3천 달러만 내세요. 금방 해결해 드립니다."

"네? 뭐라고요? 이런 헝겊 조각 하나 출원하는 데 3천 달러나 내야 한다고요?"

"잘 생각해 봐요. 그게 히트만 하면, 백만 달러쯤은 금방 벌어요. 본전 뽑고도 남죠."

변호사의 말을 전적으로 믿을 수는 없었지만, 그녀는 눈 딱 감고 돈을 투자했다.

몇 달 뒤 특허번호가 나왔다. 미국특허 5,159,727번. 특허를 냈지만, 딱히 사업에 욕심이 없었던 그녀는 또 몇 년의 세월을 그냥 지나쳤다. 두 번째 기회를 놓친 셈이었다.

'슬랭킷'으로 이렇게 큰돈 벌 줄이야!

둘째 아들이 태어난 후 학교를 그만둔 그녀는 아이들을 돌보는 데만 전념했다. 아이들은 하루가 다르게 자라서, 이제 하루 종일 엄마가 돌보지 않아도 될 정도였다. 시간적 여유가 생기니 좀이 쑤시기 시작했다. 뭔가 해보고 싶다는 신호였다.

하지만 초등학교로 다시 돌아가고 싶지는 않았다. 아이들을 위해서도, 그리고 자신을 위해서도 뭔가 새로운 걸 시도해 보고 싶었다. 몇 주간 끙끙거리던 그녀는 결국 몇 년 전 특허를 받아 놓았던 부착식 팔소매를 생각했다.

1998년 어느 날, 그녀는 드디어 사업에 착수했다. 그녀는 부착식 팔소매의 이름을 슬랭킷이라고 지었다. 소매 sleeve 와 담요 blanket 라는 두 단어를 합성해 만든 말이었다. 아기에게 젖을 먹일 땐 팔뚝에 끼워 소매로 쓰고, 아기가 잠들면 담요처럼 덮어 줄 수 있기 때문이다.

먼저 샘플을 만들어 봉제공장에 넘겼다. 그리고 웹사이트를 개설했다. 주부가 별다른 자본 없이 비교적 가볍게 시작하기에는 온라인 사업만한 게 없었다.

아무런 광고를 하지 않았는데도 인터넷 주문은 꾸준히 늘어났고, 그녀는 눈 깜짝할 새에 백만장자가 됐다. 그리고 미국의 주부 대상 토크쇼인 『로지 쇼 Rosie Show』에까지 출연하게 됐다.

그녀는 토크쇼에 출연하던 날의 흥분을 지금까지도 잊을 수 없다. 그녀를 모셔 가기 위해 방송사는 벤츠 승용차를 보내 줬다. 방송 전엔 머리도 공짜로 손질해 주고 분장도 정성스레 해 줬다. 혼자 힘으로 인터넷만으로 사업을 일으킨 평범한 주부에겐 대단한 영예였다.

성공을 거둔 후에도 그녀는 모든 일을 혼자 힘으로 처리하고 있다. 아이들이 잠든 후 컴퓨터 작업을 하고, 주말에는 차고에 쌓아 놓은 재고품을 관리한다.

물건 만드는 일은 모두 봉제공장에 맡기기 때문에 별 어려움은 없다. 하지만 토크쇼 출연 이후, 주문량이 폭주하면서 혼자서는 아무래도 벅차다는 생각이 요즘 들어 종종 든다.

그녀가 부착식 팔소매 아이디어를 생각한 것은 대학생 때였다. 그동안 두 번의 기회를 놓쳤지만, 마지막 기회는 결코 놓치지 않았다. 물론 더 일찍 사업을 시작했더라면, 그녀는 더 빨리 성공했을지도 모른다. 하지만 세 번째 기회라도 잡았으니 천만다행이다.

"좋은 아이디어가 생각났다면, 지금 바로 실행에 옮기세요. 그게 바로 성공으로 가는 지름길이랍니다."

평범한, 하지만 성공을 꿈꾸는 세계 모든 주부들에게 그녀가 던지는 조언이다.

재클린 맥크랙킨-호우크의 성공 포인트 3가지

1. 생활 속의 작은 불편을 해소하기 위해 열심히 아이디어를 냈다.
2. 자신이 만든 새로운 제품을 출원했다.
3. 인터넷을 활용해 제품을 판매하는 법을 알았다.

우리 아기 약한 피부에 딱 맞는
아동복 팔았더니 사업이 커지네요

Gun Denhart

군 덴하트 |
아동의류업체 '한나 앤더슨 Hanna Andersson' 회장
www.hannaandersson.com

손바닥만한 사무실에서 닻을 올렸던 한나 앤더슨사는 어느새 직원 300명, 매출액 8천만 달러의 대규모 아동의류 업체로 성장했다. 1년 동안 세계 곳곳으로 우송되는 카탈로그만 수백만 장에 달하며, 고객은 줄잡아 250만 명에 이른다.
한나 앤더슨은 1999년과 2001년 두 차례에 걸쳐 미국의 여성지 『워킹 우먼 Working Woman』이 선정한 '여성이 소유한 최고 500대 기업'에 이름을 올렸다. 평범한 주부였던 군 덴하트는 어떻게 세계 굴지의 아동의류업체 창립자가 됐을까?

보들보들한 스웨덴 아동복, 미국 엄마들에게 인기를 끈 이유

그녀는 스웨덴의 대학도시 룬드에서 태어났다. 예쁘고 열성적인데다 스포츠를 좋아하는 인기 만점의 소녀였지만, 남 앞에 나서기에는 지나치게 수줍음을 많이 타는 성격이었다.

대학 졸업 후 그녀는 국제언어학교를 경영하는 남자와 1969년 결혼했다. 그러나 불행하게도 결혼 생활은 4년 만에 마침표를 찍고 말았다. 어린 아들을 데리고 파리로 건너간 그녀는 광고회사 프로듀서로 일하는 미국 남자와 사랑에 빠졌다. 그리고 1975년 두 번째 결혼을 한 뒤 미국 동부 지역에 정착했다.

둘째 아들을 낳았을 무렵이었다. 그녀는 5년 넘게 생활한 동부 지역에 슬슬 싫증이 나기 시작했다. 순박하고 인정 많은 고향 사람들과 달리 동부 사람들은 매사 빈틈이 없어 깍쟁이처럼 느껴졌다. 그녀는 스웨덴의 자연과 한적하고 자유로운 생활이 그리웠다. 남편 역시 동부에서 월급쟁이로 아등바등 살 바에는 고향인 서부로 건너가 자영업을 해야겠다는 생각을 하던 참이었다.

부부는 서부로 이사했다. 남편의 고향은 울창한 산림이 많아 빌딩 숲에 둘러싸여 있던 동부와 확연하게 분위기가 달랐다. 자연 속에서 사는 덕인지 이웃들은 스웨덴 사람들처럼 마음이 넉넉하고 친절했다.

이사 온 지 얼마나 지났을까? 어느 날 그녀는 아들을 데리고 집 앞을 한가롭게 서성이고 있었다. 그때 이웃집 아기 엄마가 함박웃음을 지으며 그녀에게 다가왔다.

"어머, 아이 옷이 참 예쁘네요! 색상이 아주 밝고 화사해요. 이런 걸 도대체 어디서 샀어요?"

"고마워요. 이건 스웨덴에서 산 거예요. 100% 고급 면이에요."

"한번 만져 볼까? 어머, 너무 보들보들해요! 약한 우리 아기 피부에도 좋을 거 같아요."

동네에서 만나는 젊은 엄마들은 모두 그녀의 아들이 입고 있는 옷을 부러워했다. 그녀는 이상한 생각에 동네 아이들의 옷을 관찰해 봤다. 밝은 색상의 100% 순면 옷을 입고 다니는 아이는 단 한 명도 없었다.

'바로 이거야. 스웨덴의 순면 아동복을 가져다 팔자.'

그녀는 남편에게 생각을 털어놓은 후 백화점과 의류전문점을 돌아다녔다. 혹시나 스웨덴 아동복을 판매하는 곳이 있는지 알아보기 위해서였다. 그러니까 일종의 시장조사인 셈이었다. 며칠 동안 근처의 백화점 의류 코너와 어린이 용품 전문점 등을 샅샅이 뒤졌지만, 스웨덴 의류를 파는 곳은 어디에도 없었다.

카탈로그 하나에도 정성을 다한다!

그녀는 남편과 함께 스웨덴 아동복을 수입해 판매하는 카탈로그 사업을 시작했다. 회사 이름은 그녀의 할머니 이름을 따 '한나 앤더슨'이라고 지었다. 아이들을 끔찍이 사랑하는 할머니를 생각하면 모든 일이 순조롭게 풀려갈 것만 같아서였다.

하지만 일은 쉽지 않았다. 이사한 지 얼마 되지 않아 아는 사람도 많지 않은데다, 처음 시작한 사업이라 모르는 게 많았다. 또 어린아이 둘을 키워야 했다. 하지만 가족의 생계가 걸린 일이었다. 그녀는 사력을 다해 뛰어들기로 굳게 다짐했다.

카탈로그 작업을 위해 끙끙 앓던 부부는 아이들을 데리고 스웨덴으로 갔다. 미국에서 작업을 마무리하는 게 힘들었기 때문이다. 그녀는 스웨덴에서 마음에 드는 아동복을 골라 사진을 찍고, 카탈로그 내용을 구성한 뒤 인쇄업자를 찾아갔다. 마음에 안 들면 다시 만들었다. 이 작업을 무려 4, 5년이나 되풀이했다. 가끔 '이 일을 왜 시작했나' 하는 생각이 들었지만, 그때마다 마음을 다잡았다.

1984년, 그녀는 드디어 첫 카탈로그를 인쇄했다. 상품도 사람처럼 첫인상이 중요하다는 생각에 카탈로그에 일일이 가로 세로 각각 2.5센티미터 크기의 천 조각을 오려 붙였다. 그리고 밝고 상큼한 색상의 옷을 입은 아이들을 배경으로 '스웨덴 아기들은 왜 저렇게 행복해할까요? Why are Swedish babies so happy?'란 제목을 붙였다.

또 주요 백화점의 고객 리스트를 입수해 총 75,000명에게 카탈로그를 우송하고, 학부모 대상 매거진에 광고도 냈다. 카탈로그를 보낸 사람들 가운데 주문한 사람은 2,500명. 6개월 동안 53,000달러어치가 팔렸다. 아직 득보다는 실이 더 컸지만 다시 한 번 시도해 볼 만하다는 생각이 들었다. 예상대로 주문은 꾸준히 늘어났다.

스웨덴제 고급 아동복의 주요 고객은 미국 베이비붐 세대의 부유층 엄마들이었다. 이들은 아이를 위해서라면 돈을 아낌없이 쓰는 성향이 강했다. 한번 옷을 사서 아이들에게 입혀 본 엄마들은 영원한 고객이 됐다. 이들은 또한 입소문을 내는 데도 한몫했다.

"한나 앤더슨 상표를 사 입히세요. 우리 아이도 그 옷을 입혔더니 피부 가려움증이 싹 사라졌거든요."

"어머, 그래요? 왜 그렇죠?"

"그 옷은 원래 스웨덴 아이들이 입는 건데요, 고급 면제품이라서 아기들 피부를 자극하지 않는다는군요."

어느 날 공원을 걷다 우연히 들은 이 얘기에, 그녀는 뿌듯해졌다.

날이 갈수록 번창하는 사업

하지만 사업은 이제 초기 단계에 접어들었을 뿐이었다. 그녀는 부엌을 사무실로 쓰고 있었다. 회의는 식탁에서 했고 창고도 따로 없어 차고를 이용했다. 차고는 늘 아동복으로 흘러넘쳤다.

그렇게 생활한 지 2년, 한나 앤더슨사는 종업원 20명을 거느린 업체로 몸집이 불어났다. 또한 부엌을 벗어나 큼지막한 건물 지하실로 사무실과 창고를 옮기게 됐다.

고객들이 끊어지지 않도록 하기 위해 회사를 옮기는 시기도 일부러 연말연시 연휴 기간으로 잡았다. 추운 겨울, 남들은 모두 연휴를 즐기러 가느라 부산을 떠는데, 그녀와 남편은 옷가지와 잡동사니를 실어 나르느라 탈진 상태였다.

밤늦은 시각, 추위에 달달 떨며 기진맥진한 채 서 있던 그녀는 마침내 털썩 주저앉으며 울음을 터뜨리고 말았다. 함께 일하던 한 여직원이 몸을 낮추며 말했다.

"사장님. 사장님도 너무 지쳤군요. 실은 저도 지쳤어요."

여직원은 그녀의 어깨를 안았다. 새벽부터 일한 여직원 역시 기운이 하나도 없었다. 두 사람은 함께 소리 내 울었다. 잠시 후 그들은 일단 일을 멈추고 다음날 계속하기로 했다.

이렇게 힘들게 사무실을 옮긴 뒤에도 사업은 계속 번창했다. 1년 후엔 다시 5층짜리 건물로 회사를 이전했다. 처음에는 한 층만 빌려 쓰다가 몇 년 지나지 않아 건물을 통째로 빌렸고 마침내 그 빌딩까지 사게 됐다. 한나 앤더슨사는 설립한 지 5년 동안 매출액이 해마다 평균 100%씩 불어났다. 그녀는 이렇게 백만장자가 됐다.

2001년 3월, 그녀는 한나 앤더슨사의 소유권을 다른 기업에 팔았다. 그렇다고 완전히 손을 뗀 건 아니다. 회사의 이사로서, 그리고 주주로서 지금도 여전히 일을 하고 있다. 또한 2001년 어린이 자선기구로 발족된 '한나 앤더슨 기금'의 이사장 역할도 계속 맡고 있다. 사회에서 번 돈을 다시 사회에 돌려줘야 한다는 생각에서다.

▌군 덴하트의 성공 포인트 3가지

1. 미국인들이 스웨덴 아동복을 좋아하는 것을 그냥 지나치지 않고 사업으로 연결시켰다.
2. 카탈로그 제작부터 다른 회사와 차별화시켰다.
3. 좋지 않은 현재 상황에도 낙담하지 않고 발전을 위해 꾸준히 노력했다.

●

주부들이 가장 잘하는 것 중 하나가 바로 요리다. 누구나 하기 때문에 가장 어려운 것이기도 하다. 하지만 조금만 용기를 내 자신이 가장 잘 하는 요리나 메뉴를 개발하면, 백만장자가 될 수도 있다는 사실을 아시는지? 믿기 어렵다면 여기 다섯 명의 평범한 주부들에게 일어난 드라마틱한 얘기를 주의 깊게 지켜보시길.

자신 있는 요리 하나로 부자 된 주부들

한 가지 요리만 잘해도
백만장자 되더군요!

집에서 만든 쿠키가 8백억 원 버는 기업 될 줄은 저도 몰랐어요! | 그웬 월하이트

식당 종업원에서 미국 최고의 레스토랑 주인 됐어요! | 린 윈터

칠전팔기의 정신으로 세계 최고의 스테이크 기술 터득했어요 | 루스 퍼텔

최고의 염소젖 치즈로 수백만 달러 벌어요! | 패트리스 해리슨-잉글리스

샐러드 가위 만들어 40만 개나 팔았어요! | 웬디 실버

집에서 만든 쿠키가
8백억 원 버는 기업 될 줄은 저도 몰랐어요!

Gwen Willhite

그웬 윌하이트 |
초대형 쿠키 체인 '쿠키 부케 Cookie Bouquet' 회장
www.cookiesbydesign.com

그웬 윌하이트는 미국의 어느 농촌 마을에서 자랐다. 아버지는 농부였고 어머니는 부업으로 작은 미용실을 운영했다. 워낙 빠듯한 살림이라 대학진학은 꿈조차 꿀 수 없었다. 겨우 열일곱 살에 그웬은 같은 마을 고등학교 미식축구팀 주장이었던 윌 하이트와 결혼했다. 오래지 않아 사랑스러운 딸이 태어났다. 하지만 남편과의 성격 차이는 해가 갈수록 커져만 갔고, 차라리 헤어지자고 의견 일치를 보게 되었다. 이혼 후 그녀는 매출액 7천만 달러를 올리는 초대형 쿠키 회사의 창립자로 거듭났다.

나는 아무것도 못하는 무능력 주부, 하지만 쿠키라면?

홀몸이 된 그녀는 딸을 키우기 위해 철강 회사에 취직했다. 그런데 이게 웬일인가? 1980년대에 접어들자 미국 국내 철강 산업이 쇠락하기 시작했다. 한국, 브라질, 러시아 등에서 생산된 값싼 제품이 봇물처럼 밀려 들어왔던 때문이다. 경영난에 허덕이던 회사는 대대적인 구조조정을 실시했고, 그녀 역시 해고를 피할 수 없었다. 1983년의 일이었다.

졸지에 실직자가 된 그녀는 혹시나 하는 심정으로 재고용 통보서가 오기만 기다렸다. 어쩌면 전화로 연락이 올 수도 있을 것 같아 외출을 삼간 채 하루 종일 집에만 붙어 있었다. 하지만 두 달이 지나도 감감 무소식이었다.

딸을 바라보면 늘 힘이 솟았다. 하지만 먹고 살 길이 막연했다. 청소를 하면서도, 길을 걸으면서도, 심지어 화장실에 앉아 있을 때도 고민했지만, 뾰족한 수 없이 시간만 흘러갔다.

그렇게 몇 달이 지난 어느 날 오전이었다. 딸을 학교에 보내고 청소도 해 놓고 나니 무료하고 답답하기만 했다. TV를 틀었더니 요리 프로그램에서 쿠키 만드는 법을 강의하고 있었다. 당시 TV 프로그램 가운데 쿠키 강좌는 늘 인기가 있었다. 그렇다고 특이한 비법이 소개되는 것도 아니었다. 그저 평범한 모양의 쿠키를 나뭇개비에 꽂아 오븐에 구워 내는 게 고작이었다.

저런 흔해빠진 쿠키 대신 모양도 예쁘고 맛도 좋은 쿠키를 만드는 방법이 있을 거란 생각이 문득 떠올랐다. 그웬은 딸을 키우면서 지난 수십 년 동안 쿠키를 만들어 왔다. 쿠키 속에 그녀의 인생을 뒤바꿔 놓을 무언가가 있을 것만 같았다. 그날 이후 그녀는 날마다 쿠키를 만들었다.

딸은 쿠키 따윈 먹기 싫다고 난리였다. 하긴 벌써 몇 주째 쿠키와 물만

먹었으니 그럴 만도 했다. 그녀 자신조차 쿠키만 보면 속이 메슥거릴 지경이었다. 하지만 그녀는 제대로 일해 보고 싶었다. 없는 살림에 밀가루와 설탕 등의 재료가 비싸지 않다는 게 그나마 다행이라면 다행이었다.

쿠키로 부케를 만든다고?
쿠키 실험 두 달째. 그녀는 마침내 만족할 만한 결과를 얻었다. 계피와 갈색 설탕으로 맛을 가미한 것이었다. 동물이나 꽃, 사람 얼굴이나 손 등 갖가지 모양도 넣고 쿠키 윗면에 아이싱으로 글씨와 그림도 그려 넣었다. 이것이 바로 그녀의 트레이드마크가 된 쿠키 부케의 원조였다.

쿠키를 맛본 주변 사람들의 반응은 대단했다. 그녀는 좀더 아이디어를 발휘해 더욱 화려하고 재미있게 모양을 꾸몄다. 개뼈다귀, 해골, 귀신, 눈사람, 디즈니 캐릭터, 튤립 등을 그려 넣거나, 맛을 돋우기 위해 초콜릿 칩이나 피넛 버터를 올리기도 했다. 이제 그녀가 만든 쿠키는 맛있다고 온 동네에 소문이 났다.

동네 사람들에게 알음알음으로 쿠키를 판 지 두 달쯤 지나자, 여기저기서 주문이 밀려들기 시작했다. 이제 그녀의 부엌에서는 더 이상 쿠키를 만들기 어려워졌다. 그녀는 인근에 임대 사무실이 났다는 소식을 듣고선 얼른 계약했다. 본격적으로 쿠키 사업에 뛰어들기로 마음먹었던 것이다. 앞길이 막막한 이혼녀이자 실직자에서 사업가로 변신하는 순간이었다.

그녀는 자투리 공간을 이용해 작은 커피숍도 함께 냈다. 손님들에게 편안한 분위기를 만들어 주고 싶어서였다. 하지만 커피를 마시는 고객들은 주인과 대화를 나누고 싶어 했다. 그들과 얘기를 나누다 보면, 쿠키를 굽는 시간은 크게 줄기 마련이었다.

그렇지 않아도 일손이 모자라 쩔쩔매는 판에 손님들과 시시콜콜한 대화를 나눠야 하다니! 그렇다고 손님들과의 대화 도중에 쿠키를 구워야 한다며 말을 탁 끊어 버리고 벌떡 일어설 수도 없는 일이었다.

이런 시행착오는 끝도 없이 나타났다. 한번은 구수한 호박 파이를 넣어 쿠키를 만들어 보기로 했다. 냄새 하나만큼은 일품이었다. 하지만 한입 먹어 보니 맛은 영 딴판이었다. 외상으로 주문한 손님들이 돈을 떼먹기 일쑤라는 것도 골칫거리였다. 이렇듯 그녀는 아직 초보 사업가에 지나지 않았던 것이다.

쿠키 사업에 프로모션 개념을 도입하다

창업 후 몇 년 동안 그녀는 눈코 뜰 새 없이 바빴다. 가게를 청소하고, 재료를 사 오고, 쿠키를 굽고, 아이싱으로 그림을 그려 넣었다. 어떤 때엔 배달까지 했다. 여간 힘든 게 아니었다.

어느 해인가, 밸런타인데이를 앞두고는 기독교 단체와 유태인 단체로부터 대형 쿠키를 만들어 달라는 주문을 받았다. 행사장 식탁 가운데에 놓일 쿠키였다. 밤을 꼬박 새워가며 온갖 정성을 다해 쿠키를 만들었다. 한꺼번에 많은 고객을 확보할 수 있는 절호의 기회였기 때문에 더욱 심혈을 기울였다.

하지만 이게 웬일인가? 완성된 쿠키를 차로 실어 나르던 중 충돌사고가 났다. 다른 차가 뒤에서 들이받았던 것이다. 그녀는 크게 다쳤다. 쿠키는 모두 망가졌다. 그래도 병원에 갈 시간이 없었다. 통증을 참아 가며 또다시 밤을 새워 쿠키를 다시 만들었다. 행사 시간 직전에야 겨우 쿠키 배달을 마칠 수 있었다.

행사가 끝나자마자 쿠키 맛에 반한 참석자들이 가게로 몰려들었다. 그녀는 깜짝 놀라고 말았다. 다른 때 같으면 반가울 손님들이었지만, 이틀 밤을 꼬박 지새운데다 교통사고로 탈진한 상태였다. 결국 주문을 거절할 수밖에 없었다.

1986년 그녀는 더 큰 시장에서 일하고 싶었다. 가게를 팔고 쿠키 부케를 만드는 기술과 상호도 넘겨줬다. 대신 매달 로열티를 받기로 했다. 그녀는 딸의 친구인 쿠키 디자이너를 데리고 대도시로 갔다. 큰 도시에서 제대로 된 사업을 펼치고 싶었기 때문이다.

대도시에 짐을 풀자마자 그녀는 동네 유지들을 찾아다니며 쿠키를 나눠 주었다. 새 쿠키에 대한 소문을 퍼뜨리고 새로운 고객을 확보하기 위한 전략이었다. 그렇게 애쓰다 보니 행운도 뒤따랐다. 그녀의 쿠키 가게가 들어선 건물 주인의 누나가 그 지방 최대 일간지인 『댈러스 모닝 뉴스 Dallas Morning News』의 음식 담당 데스크였던 것이다. 그녀의 기사가 대문짝만하게 실리자, 주문이 엄청나게 밀려들기 시작했다.

이젠 세계적인 쿠키 체인점 사장

그녀는 더 나은 쿠키를 만들기 위해 늘 골몰했다. 60세가 되기 전까지는 미국 최고의 쿠키 회사를 만들겠다는 목표도 생겼다. 회사는 갈수록 번창했다. 쿠키 부케를 다른 지역에서도 만들어 팔고 싶다는 기업들도 나타났다. 프랜차이즈체인을 내게 해 달라는 얘기였다.

1987년 그녀의 첫 번째 체인점이 문을 열었다. 프랜차이즈체인 계약이 맺어지면 본부에서 조리법 전수와 직원 훈련을 책임졌다. 대신 체인점은 그웬이 직접 개발해 특허를 낸 그릇을 구입해 쓰도록 했다.

체인점들은 다른 분야에서 협력하기도 한다. 예를 들어 먼 곳에 있는 고객이 쿠키를 주문하면 고객과 가장 가까운 체인점에 연락해 준다. 그곳에서 쿠키를 만들어 빠른 시간에 배달함으로써 고객들이 가장 신선한 쿠키를 맛볼 수 있도록 해 주는 것이다. 쿠키 부케는 2004년 현재 미국 전역에 250개의 체인점을 거느리고 있으며, 연간 매출 규모 7천만 달러의 대기업으로 성장했다.

그녀는 세계적인 갑부가 됐지만 맨 처음 쿠키를 구워 팔 때의 마음만은 잃지 않고 있다. 그녀는 한 언론과의 인터뷰에서 이렇게 말했다.

"난 지금 물질적으로 물건 몇 개를 더 갖고 있을지 모르죠. 하지만 제 가치관엔 전혀 변함이 없어요."

그녀의 성공 신화는 끈기와 창의성, 합리적 사고의 결과다. 그녀는 늘 친절하고 따뜻하다. 작은 일은 그냥 웃어넘길 수 있는 넉넉함도 있다. 그녀의 가장 큰 낙은 정원 가꾸기다. 틈만 나면 정원의 꽃들을 정성스럽게 가꾼다. 씨를 뿌리고 풀을 뽑고 흙을 보듬는 일도 몸소 한다. 그녀는 큰일이건 작은 일이건 스스로 할 수 있다고 생각되는 일은 주저 없이 행동으로 옮긴다. 이런 그녀의 신념이 쿠키 부케를 세계적인 회사로 만든 건 아니었을까?

▌그웬 윌하이트의 성공 포인트 3가지

1. 돈도 없고 배운 것도 없었지만, 자신이 가장 잘 만드는 쿠키로 승부를 걸었다.
2. 고객이 좋아하는 쿠키를 만들기 위해 늘 아이디어를 구상했다.
3. 일요일 저녁엔 자신만을 위한 시간을 갖고 해야 할 일들의 우선 순위를 정했다.

식당 종업원에서
미국 최고의 레스토랑 주인 됐어요!

L y n n   W i n t e r

린 윈터 |
캘리포니아 최고의 레스토랑 '린의 파라다이스 카페' 사장
www.lynnsparadisecafe.com

하루하루 입에 풀칠하기 급급했던 식당 종업원 린 윈터는 어느 날 자신이 가장 좋아하는 일이 레스토랑 사업이란 사실을 깨달았다. 이후 초라하고 보잘 것 없던 카페를 인수해 최고의 맛과 서비스를 제공하는 레스토랑으로 변신시켰다. 린의 파라다이스 카페는 1998년 '미국 레스토랑 협회 National Restaurant Association'로부터 최우수상을 받았으며, 그녀 자신은 켄터키 주정부가 수여하는 '올해의 기업인'으로 선정되기도 했다.

레스토랑에서 일하는 건 정말 즐거워!

미국 캘리포니아 북부 해안에 위치한 '홈스타일 카페'는 고기잡이를 마치고 돌아온 어부들과 벌목꾼들이 즐겨 찾는 곳이었다. 음식 맛이 좋기로 소문나 일반인들도 많이 찾았다. 그녀는 남자친구와 함께 아침식사를 즐기고 있었다. 그날 역시 카페는 손님들로 넘쳐났다. 그녀는 바쁘게 왔다 갔다 하는 카페 주인과 우연히 눈이 마주쳤다.

"아가씨, 혹시 손님 시중들 줄 알아요?"

"당연하죠."

느닷없는 주인의 말에 놀랄 만도 한데, 그녀는 태연히 대답했다.

"아가씨, 고마워요. 갑자기 천식이 발작해서 그래요."

린은 벌떡 일어나 얼른 앞치마를 둘렀다. 그녀와 레스토랑의 인연은 이렇게 시작됐다. 다음날부터 그녀는 홈스타일 카페의 종업원으로 아르바이트를 하게 됐다. 그렇게 1년쯤 일하고 나니, 본격적으로 일하고 싶다는 욕구가 들끓었다.

하지만 그녀가 지금까지 해 왔던 일은 목공예였다. 스튜디오까지 버젓이 차려 놓고서는 난데없이 레스토랑 종업원을 하겠다니, 집안에서는 온통 난리가 났다. 정신 나간 것 아니냐고 말하는 친구들도 있었다. 하지만 그녀는 맛있는 음식을 손님들에게 대접하는 게 가장 즐거웠다.

우여곡절 끝에 카페의 정식 종업원으로 일한 지 얼마나 지났을까, 점심시간이 지나고 한가해진 시간에 친구가 찾아왔다. 남들이 뭐라 하든 신나게 일하는 그녀를 보며 친구가 한마디 던졌다.

"아예 네가 레스토랑을 차려 보면 어때? 평생 종업원만 할 거야?"

순간 그녀는 눈앞이 환해지는 것 같았다. 자신이 그토록 좋아하는 레스토랑을 차릴 수만 있다면 정말 행복할 거란 생각이 들었다. 그녀는 꿈을 이루기 위해 미국 최고의 레스토랑에서 일해 보기로 결심했다. 이곳에서 조금 떨어진 곳에 위치한 '카페 보졸레'야말로 캘리포니아주에서 알아주는 고급 음식점이었다.

최고의 레스토랑을 만들어라!
린은 다짜고짜 사표부터 냈다. 카페 보졸레에는 아직 구직 의사조차 밝혀 놓지 않은 상태였다. 하지만 행운이 찾아왔다. 홈스타일 카페에서 마지막 근무를 마치고 집에서 쉬고 있을 때, 전화가 걸려 왔다. 놀랍게도 카페 보졸레의 지배인이었다. 당장 나와서 일을 시작하란 말에 그녀는 뛸 듯이 기뻤다. 하지만 이상한 일이었다. 구직 신청을 한 적도 없는데 어떻게 행운이 제 발로 찾아온 걸까?

어쨌든 그녀는 혼신을 다해 일했다. 배울 수 있는 기회다 싶으면 무조건 달려들어 닥치는 대로 익혔다. 음식을 조리하는 법에서부터 손님 접대, 직원 교육 등의 모든 일을 완전히 자기 것으로 소화해 나갔다.

어느새 그녀는 레스토랑의 만능해결사로 자리 잡았다. 주방장이 바쁠 땐 조리를 돕거나 아예 대신하기도 했다. 그러는 동안에도 그녀의 머릿속엔 늘 자신만의 레스토랑을 만들겠다는 꿈이 무럭무럭 자라났다.

휴일이 되면 벼룩시장에 나가 미래의 레스토랑을 꾸미는 데 필요한 장식품들을 하나둘씩 사 모았고, 소문난 식당은 빠짐없이 찾아다니며 음식 맛과 손님들의 반응을 살폈다. 어떤 날은 하루에 여섯 군데의 식당을 찾아가기까지 했다. 하루에 무려 여섯 끼의 식사를 하면서도 음식과 분위기를 살피느라 배가 부른 줄도 몰랐다.

이렇게 4년의 세월이 흘러갔고, 어느 날 어머니에게서 전화가 걸려 왔다. 아버지가 전립선암에 걸려 수술을 받아야 한다는 것이었다. 그녀는 고향으로 달려갔다. 다행히 수술은 성공적으로 끝났다. 한시름 놓고 있는 참에, 친구로부터 망한 레스토랑을 인수해 보란 이야기를 들었다.

고민스러웠다. 아직 레스토랑을 경영할 정도로 실력이 쌓였다는 생각이 들지 않았기 때문이다. 하지만 아버지는 오히려 기뻐했다. 딸이 고향으로 돌아온다는 게 무작정 좋았던 것이다. 아버지는 퇴직금까지 내놓았다. 결국 그녀는 카페 보졸레를 그만두고 창업 준비에 들어갔다. 2년 동안의 긴 시간이었지만, 필요한 장비를 구매하고, 자신만의 특별한 메뉴 개발에, 세금, 종업원 고용 문제까지 모든 일들을 하나씩 해결해 갔다.

드디어 나의 레스토랑이 탄생하다!

어느 정도 준비 기간이 지난 후, 그녀는 아버지의 퇴직금으로 적당한 레스토랑을 인수했다. 전 주인은 그리 많은 돈을 요구하지도 않아 안성맞춤이었다. 다음날 그녀는 새벽 4시에 일어나 레스토랑으로 나갔다. 낡아빠진 건물을 개조하기 위해서였다. 그 다음날엔 아예 슬리핑백을 들고 갔다. 수도관과 가스관, 전기선까지 모조리 뜯어내고 어수선한 공사 현장에서 숙식을 해결했다.

그녀는 오래전부터 꿈꿔 왔던 인테리어로 꾸미기 위해 최선을 다했다. 벽지를 붙이고, 카펫도 깔고, 파이프가 안 맞으면 망치를 들고 두들겨 맞췄다. 새벽 4시부터 밤 12시까지 10주 동안 고생한 덕분에 레스토랑은 어느새 자신이 원하는 스타일에 가깝게 변신했다.

드디어 개업일. 직원은 모두 열한 명이었다. 모두 레스토랑에서 일해 본 경험이 없는 신참이었다. 경력자는 높은 임금을 요구하기 때문에 도저히 감당할 여력이 없었다.

조금씩 시간이 지나자 손님들의 숫자가 서서히 늘어나기 시작했다. 그녀는 찾아오는 손님들과 커피를 마시며 대화하는 것을 스스로 즐겼다.

　단골손님 중 늘 수수한 옷차림의 여성은 그녀와 친구처럼 가까워졌다. 하루는 린이 그 여자 손님에게 커피를 따라 주러 가려는데, 친구 하나가 다가와 소곤거렸다.

　"지금 얘기하던 여자가 누군지 알고 있어요?"

　"몰라요. 누구죠?"

　"음식 비평가에요. 저 사람이 기사를 삐딱하게 쓰면 이 식당은 망해요."

　그녀는 깜짝 놀랐다. 주인이 그것도 모르고 있었다니! 음식 비평가의 기사 한 줄이 레스토랑을 살리고 죽일 수 있다는 말을 들은 적이 있었다.

　린은 그녀에게 다가가 소리쳤다.

　"당신 정말 음식 비평가 맞아요? 정말 그렇다면 당신을 죽여 버릴 거예요. 난 당신을 친구처럼 대했는데, 어떻게 음식 비평가라는 걸 감쪽같이 숨길 수가 있었죠?"

　여성은 당황하며 총총히 레스토랑을 떠났다. 친구들은 음식비평가를 떠받들어도 모자란데, 바보 같은 짓을 했다며 그녀를 나무랐다.

캘리포니아 최고의 레스토랑이 되다!

　이 일이 있은 후 일주일쯤 지난 뒤, 신문사에서 전화가 왔다. 다음날인 토요일 조간신문에 그녀가 경영하는 카페 기사가 실릴 예정이라는 것이었다. 하지만 기사가 어떤 내용인지에 대해서는 알려 주지 않았다. 그녀는 거의 뜬눈으로 밤을 새웠다. 음식비평가에게 악담을 퍼부었으니 이제 그녀는 망한 것이나 다름없었다.

　다음날 그녀는 일어나자마자 밖으로 달려 나갔다. 문을 열자 문턱 바로 아래에 신문이 든 비닐봉지가 놓여 있었다. 신문 평은 매우 좋았다. 그 후 기사를 써 준 음식비평가는 그녀의 단짝 친구가 됐다.

신문에 좋은 기사가 나자, 그녀가 운영하는 카페 파라다이스엔 손님들이 끊이지 않았다. 뉴욕타임스와 월스트리트 저널 같은 미국 최고의 일간지에도 그녀의 레스토랑을 소개하는 기사가 실렸다.

손님들은 맛있는 음식과 즐거운 분위기의 카페 파라다이스를 좋아했다. 그녀는 레스토랑이 단지 음식만을 파는 게 아니라 재미있는 컨셉트를 함께 제공하는 곳이라 생각했다. 그래서 식탁에 놓는 소금통과 후추통은 모두 골동품으로 구비했고, 음식점 밖에는 가축 기르는 곳을 마련했다. 레스토랑 안에는 3미터 높이의 커피포트도 있다. 또한 이곳에서는 가을이면 호박 축제가, 부활절에는 계란 장식 대회가 열리는데, 우승하는 손님에겐 매달 한 번씩 음식이 공짜로 제공된다.

그녀는 아직도 틈틈이 주방에 들어가 직접 요리도 하고 손님들 시중도 든다. 지금도 레스토랑 일을 하는 게 즐겁기 때문이다. 그녀의 얼굴엔 늘 미소가 떠나지 않는다. 손님들은 이곳에 들어설 때마다 한마디씩 던지곤 한다.

"이 레스토랑은 음식 맛도 끝내 주지만, 오기만 하면 기분이 좋아져."

린 윈터의 성공 포인트 3가지

1. 자신이 가장 좋아하는 일을 찾아 열심히 노력했다.
2. 레스토랑 경영을 위해 최고의 음식과 서비스를 개발하는 데 전력을 기울였다.
3. 최악의 상황에서도 실망하지 않고 최선을 다했다.

칠전팔기의 정신으로
세계 최고의 스테이크 기술 터득했어요

R u t h   F e r t e l

루스 퍼텔 |
세계 최대 스테이크 레스토랑 회장
www.ruthschris-toronto.com

수없이 많은 시행착오를 겪으면서도 그녀는 결코 최고의 스테이크 만들기를 포기하지 않았다. 마침내 '루스의 크리스 스테이크 하우스 Ruth's Chris Steak House'는 폭발적인 인기를 얻게 됐고 체인점도 늘려 나갔다. 현재 루스의 스테이크 레스토랑은 세계에서 가장 큰 고급 레스토랑 체인 가운데 하나다. 체인점과 직영점을 합쳐 모두 89개 음식점에서 하루에 17,000개가 넘는 스테이크가 팔려 나간다. 루스의 애칭은 '레스토랑의 퍼스트레이디' 다.

제발, 제발 그 레스토랑은 사지 마!

루스 퍼텔은 대학 졸업 후 전문대학 강사로 잠깐 일했지만, 출산과 함께 교편을 놓아야 했다. 그리고 14년의 세월이 흘렀다. 그사이 그녀는 이혼을 했고, 아이들을 먹여 살리기 위해 의과대학에 실험실 기술자로 취직했다. 4년 동안 열심히 일했지만 미래가 없는 직장이었다. 그저 근근이 살아가기에도 빠듯할 뿐이었다.

고등학교에 다니는 두 아들을 대학에 보내려면 무언가 다른 일을 찾아야 했다. 하지만 할 줄 아는 게 별로 없었다. 사냥과 낚시, 독서 등을 즐기지만 돈벌이와는 동떨어진 것이었다. 그녀는 날마다 신문광고를 뒤적이다 '크리스 스테이크 하우스'를 매각한다는 광고를 봤다. 14년 주부 경력에 스테이크를 구워 내지 못할 사람이 어디 있겠나? 메뉴도 간단해서 어려울 게 없을 터였다. 그녀는 다음날 곧바로 레스토랑에 찾아가 주인에게 다짜고짜 물었다.

"레스토랑을 사려면 얼마죠? 제가 살게요."

"18,000 달러입니다."

그녀는 곧장 친구가 일하는 은행에 찾아갔다. 친구는 손해만 볼 거라고 잘라 말했다.

그녀는 계속 레스토랑을 사겠다고 고집했다. 자신이 할 줄 아는 유일한 건 음식 만드는 일이라고 확신했기 때문이다. 그녀가 하도 우기자, 친구는 은행장을 만나 보라고 했다.

"집을 담보로 했으니 돈을 빌려 드릴 수는 있습니다. 하지만 그 레스토랑은 정말 사지 않는 게 좋아요."

이미 마음을 굳힌 그녀에게 충고가 귀에 들어올 리 없었다. 결국 그녀는 대출을 받아냈고 레스토랑을 인수했다.

무게 15킬로그램의 소 허리 살을 어떻게 자를까?

그녀가 매입한 레스토랑은 번화가에서 30킬로미터쯤 떨어진 곳으로 테이블 17개, 좌석 60개의 평범한 곳이었다. 그런데 인수 뒤에 알아보니, 레스토랑은 완전히 파산 상태였다. 전 주인은 레스토랑을 팔았다가 되사기를 밥 먹듯 해 온 작자였다. 그리고 그녀는 이곳을 인수한 일곱 번째 주인이었다.

루스 이전에 가게를 인수했던 사람들은 워낙 장사가 안 돼 짧게는 몇 달, 길어야 2, 3년 하다가 두 손 들곤 했다. 바로 그럴 때 전 주인이 나타나 헐값에 다시 사들였다. 그는 레스토랑을 비싸게 팔았다가 싸게 되사들이는 방법으로 많은 돈을 벌어들였다고 했다.

계약이 체결되자 전 주인은 레스토랑을 한 바퀴 돌며 어떻게 관리해야 하는지 건성으로 설명했다. 그리고 금전등록기를 열어 남은 동전 한 푼까지 탈탈 털어 지갑에 넣고 사라졌다. 이런 경우 보통 전 소유주가 몇 주 동안 함께 머물며 인수자에게 가게를 운영하는 법을 상세하게 알려 주는 것이 보통이다.

더구나 그는 스테이크용 쇠고기를 어떻게 자르는지에 대해서조차 제대로 알려 주지 않았다. 계약을 체결하기 전에 딱 한 번 시범을 보인 게 고작이었다. 전 주인은 고기 자르는 일만큼은 항상 스스로 해 왔다. 그 말고는 레스토랑 직원 누구도 고기 자르는 법을 몰랐다. 그는 또한 단골손님한테만 최상급 고기를 줬다. 낯선 얼굴들은 그저 뜨내기손님일 뿐이라며 그냥 상급품을 줘도 된다고 생각했다.

그녀는 레스토랑 개점 첫날부터 15킬로그램이나 나가는 살덩어리와 씨름해야 했다. 직접 톱질을 해서 잘라야 한다고 들었지만, 아무리 힘을 써도 그대로였다. 전기톱으로 바꾸고 나서야 일이 좀 수월해졌다. 하지만 작은 체구의 여자가 15킬로그램의 쇠고기를 들어 올려 자르는 일은 여전히 힘겨웠다.

모든 손님에게 최상급 서비스를!

레스토랑을 운영하는 건 그야말로 몸으로 때우는 노동이었다. 아침 9시부터 새벽 1시까지 일하는 건 차라리 예사였다. 늦게까지 일어나지 않는 손님이 있으면 새벽 2시까지도 문을 열어 놓고 있어야 했다.

'손님은 왕이다. 손님이 서너 시간씩 앉아 있어도 빨리 가라고 눈치를 줘서는 안 된다.'

그녀는 정성껏 손님들을 대했다. 레스토랑 주인이 최선을 다해 일하고 있다는 걸 손님들이 늘 직접 눈으로 확인할 수 있도록 했다. 고기를 자를 때나 구울 때, 심지어는 장부 정리도 손님들이 보는 앞에서 했다. 주인이 언제나 열심히, 최선을 다해 일하고 있는 모습을 보면 손님들이 애정과 동정심을 갖게 된다는 생각에서였다.

한번은 단골손님이 찾아와 평소처럼 스테이크를 시켰다. 하지만 그는 치아 교정 수술을 받아 도저히 씹을 수 없는 상황이었다. 이를 안 그녀는 손님을 위해 스테이크를 분쇄기로 잘게 갈아 줬다. 주인의 배려에 단골손님이 기분 좋게 생각한 것은 당연하다. 또한 토요일 점심시간은 친구처럼 지내는 단골들이 몰려와 고기를 함께 구울 수 있도록 했다. 직원들이나 손님들 모두 소풍을 나온 듯 즐거운 분위기를 만들기 위해서였다.

그녀가 사는 곳은 허리케인이 자주 발생하는 것으로 유명하다. 어느 여름, 허리케인으로 전기 공급이 끊기자, 그녀는 기지를 발휘했다. 냉장고에 든 고기를 모두 스테이크로 만들어 이재민들에게 나눠 준 것이었다. 냉장고에서 고기를 썩히느니 차라리 좋은 일을 하자는 생각에서였다.

허리케인이 지나가고 일주일 뒤, 레스토랑엔 못 보던 손님들이 대거 몰려들었다. 지역 공무원들과 정치인들이었다. 그녀의 선행을 전해 듣고 감격해서 찾아온 것이었다. 그 뒤로 레스토랑은 지역 유지들이 모여드는 명소가 됐다.

손님이 늘다 보니 골칫거리가 생겼다. 레스토랑 입구에서 한두 시간씩 줄을 서서 차례를 기다리는 사람들이 갈수록 늘어났기 때문이다. 어떤 사람은 긴 줄을 보고 그냥 돌아서기도 했다. 그녀는 가슴이 아팠다. 강 건너편에 분점을 냈지만, 그래도 손님이 넘쳤다. 얼마 뒤 세 번째 분점을 열었다. 그녀는 드디어 성공을 거둔 것이다.

이제 그녀의 레스토랑은 체인점과 직영점을 합쳐 모두 여든아홉 개에 이르며, 1년 매출액이 무려 2억5천만 달러나 된다.

Tip 루스가 귀띔하는 최고의 스테이크 만드는 비결

01 스테이크는 크게 썰어야 한다. 그래야 육즙이 빠져나가지 않아 맛이 좋다.

02 숯 대신 가스로 고기를 익혀야 고기의 본래 맛이 제대로 유지된다.

03 고기를 익히기 전에 소금과 후추를 미리 뿌려라. 그래야 바삭바삭하고 감칠맛이 난다.

04 스테이크를 먹기 직전에 버터를 살짝 올려놓는 것도 좋다. 버터가 지글거리면서 녹는 모양이 식욕을 돋워 준다.

루스 퍼텔의 성공 포인트 3가지

1. 좋아하는 일을 했다. 내키지 않는 일을 하면 즐길 수 없고 성공도 힘들기 때문이다.
2. 하루 14시간이라도 일하겠다는 각오로 남보다 더 열심히 노력했다.
3. 고객들의 말에 귀를 기울이고, 고객의 바람에 부응하려고 노력했다.

최고의 염소젖 치즈로 수백만 달러 벌어요!
Patrice Harrison-Inglis

패트리스 해리슨 - 잉글리스
염소 치즈 업체 '스위트우즈 다이어리 Sweetwoods Dairy' 사장

치즈는 보통 소젖으로 만든다. 하지만 염소젖이 소젖보다 소화가 잘 된다는 사실에 주목한 패트리스 해리슨-잉글리스는 염소젖 치즈 회사 스위트우즈 다이어리를 차렸다.

사업 초기엔 시행착오로 고생도 많이 했지만, 지금은 연간 수백만 달러어치의 염소젖 제품을 판매하고 있다. 패트리스는 남들보다 잘하는 음식을 자신만의 장점으로 개발해서 대성공을 거뒀다.

우리 아이 백혈병 때문에 공기 좋은 산골로 이사 가게 됐어요!

"댁의 아이는 급성 백혈병입니다. 항암 치료를 받아야 합니다."

그녀는 하늘이 무너져 내리는 것 같았다. 튼튼해 보였던 아들이 생후 18개월 만에 백혈병 판정을 받다니……. 의사는 아들을 1년 이상 입원시켜 치료해야 한다고 말했다.

그녀는 작은 기업체의 비서로 일하고 있었고, 남편은 산업 용접 검사관이었다. 아이를 치료하려면 두 사람 중 한 명은 직장을 쉬어야 했다. 결국 직장을 그만둔 그녀는 1년 동안 아들의 치료에 전념했다. 병원 치료비를 대기 위해 살던 집도 팔아야 했다. 다행히 아들의 병은 호전됐지만, 앞으로 어떻게 살아야 하나 막막했다.

마침 친구 하나가 캘리포니아 근처 어느 산맥에 위치한 낡은 오두막집을 소개했다. 월세가 없는 대신, 오두막집을 수리하는 건 입주자의 몫이었다. 그녀는 돈도 없는데 잘 됐다 싶었다. 더구나 아들의 병을 낫게 하는 데엔 맑은 공기를 마실 수 있는 시골이 좋겠다는 생각도 들었다.

"그런 외진 곳에서 살려면 젖소를 키우는 게 최고야. 우유를 짜 마실 수 있으니까."

그녀가 산골로 이사 간다는 소리에 친구는 이렇게 조언했다. 하지만 그녀는 젖소처럼 덩치 큰 동물은 다루기가 겁났다. 그래서 젖 염소를 키우기로 했다. 친구는 그녀를 염소 키우는 집으로 데려 갔다.

염소 키우기는 의외로 아주 간단했다. 풀과 물을 갖다 주고 아침저녁으로 젖만 짜면 그만이었다. 그녀는 염소 한 마리를 이끌고 집으로 돌아왔다. 이때부터 그녀는 도서관에 들러 젖 염소에 관한 서적을 뒤적이기 시작했다. 염소는 이제 떨어질 수 없는 가족이 되었다.

오두막은 폐가나 다름없었다. 몇 달간 이곳저곳 수리하고서야 제법 살

만해졌다. 그리고 얼마 후 한 컴퓨터 회사에서 연락이 왔다. 비서직 자리가 비었다는 것이다. 그녀는 회사에 나가기로 했다. 낮에는 최첨단 컴퓨터 업체에서, 밤에는 전기와 수도도 없는 산골 오두막에서 극과 극을 오가는 생활을 했다.

큰일이나 사고 없이 무미건조한 날들이 반복되었다. 어느 날 그녀는 점심시간에 직장 근처에서 식사하다가 머리가 하얀 할머니를 봤다. 할머니는 점심시간마다 패스트푸드 음식점에서 일을 했다. 일이 끝나면 덜컹거리는 고물차를 타고 퇴근했다. 그녀는 할머니의 모습을 지켜보며 자신도 모르게 중얼거렸다.

"나도 늙으면 저렇게 되겠지. 이대로 가다간 말이야."

노후에 대비해 무언가 해 놓아야겠다는 생각이 번쩍 들었다. 하지만 쳇바퀴처럼 되풀이되는 삶에서 벗어날 뾰족한 방법이 떠오르지 않았다.

염소젖으로 사업을 할 수 있군요!

그녀는 계속 비서로 일하며 염소를 키웠다. 맨 처음 길렀던 염소는 세쌍둥이를 낳았다. 이젠 하루에 12리터나 되는 젖을 짤 수 있었다. 온 식구가 다 마셔도 남아돌았다. 그래서 일부는 요구르트를 만들거나 이웃이나 애완동물에게 주기도 했다. 염소젖 가격이 비싼 점을 감안하면 낭비가 아닐 수 없었다.

"이럴 게 아니라 도서관에 가 보자. 치즈 만드는 법을 알아낼 수 있을 거야."

그녀는 치즈를 만들기로 결심하고 열심히 자료를 찾았다. 하지만 염소젖으로는 쉽게 치즈를 만들 수 없었다. 하지만 열심히 노력한 결과 꾸준히 솜씨가 나아졌다. 어느 정도 모양이 갖춰지자 이번엔 치즈에 허브와

마늘을 넣어 보았다. 완성된 치즈를 이웃들과 직장 동료들에게 맛보게 했더니, 반응이 아주 좋았다.

염소 치즈를 좋아하게 된 다른 부서 동료들은 치즈를 더 갖다 달라고 이메일을 보내는 경우도 있었다. 그녀는 이제 토요일마다 치즈 보따리를 들고 출근하는 게 예사가 됐다. 하지만 남편은 불만이었다. 염소가 먹어치우는 사료 값이 만만치 않았기 때문이다.

그녀는 몇 달간 염소를 기르는 데 들어가는 비용을 꼼꼼히 기록했다. 장부 한쪽에 사료 값, 건초 값, 축사 보수 비용 등의 모든 지출 내용을 적었다. 반대쪽에는 치즈를 팔아 생기는 수입을 기록했다. 대조 결과 의외로 수입이 더 많았다. 그렇다면? 그녀는 장부를 덮으며 소리쳤다.

"바로 이거야! 본격적으로 치즈 장사를 해 보는 거야."

다음날부터 그녀의 머리는 온통 치즈 생각으로 북적거렸다. 직장에서는 점심을 빨리 먹고, 새 치즈 상품에 대한 아이디어를 정리했다. 염소를 20마리로 늘리면 치즈가 얼마나 더 생산될 것인지, 그러면 수입은 얼마나 더 늘어날 것인지, 판매는 어떻게 할 것인지 등을 구상했다. 염소를 늘리면 시설은 어떻게 늘려야 하고, 비용은 얼마가 소요되는지도 계산해 봤다. 6만 달러 정도가 더 필요했다.

그녀는 투자자를 모으기로 했다. 평소 염소 치즈를 먹어 본 사람들부터 시작해 투자할 사람들을 접촉해 나갔다. 투자한 사람에게는 6개월 후 투자한 돈의 두 배를 분기별로 갚아 주겠다고 약속했다. 사람들은 긍정적으로 받아들였다. 드디어 넉 달 후 필요한 자금이 마련되었다.

아무리 힘들어도 최고의 염소젖 치즈를 만들어라!

기본 자금은 마련됐지만 이번엔 땅값이 문제였다. 남편은 고향으로 내려갔다. 강에 인접한 땅을 헐값에 사들여 건물을 짓기 위해서였다. 5개월 후 건물이 완공되자, 가족들은 대형 트럭에 올라탔다. 트럭 한쪽에는 염소들을 몰아넣었다. 사흘간의 긴 여행이었다. 그녀는 차 안에서 염소젖을 짜냈다.

산골 마을에 있을 때 나름대로 부지런히 사전 준비를 갖췄지만 시행착오가 뒤따랐다. 기후와 고도에 따라 치즈의 질이 달라진다는 것을 전혀 몰랐기 때문이다. 그녀는 6개월 동안 매일 밤을 새우며 열심히 노력했다. 그제야 제대로 된 치즈를 만들어 낼 수 있었다.

하지만 남편의 고향은 인구가 적었다. 판매량이 기대했던 것의 25%밖에 되지 않았다. 큰돈을 빌려 시작한 사업이 지지부진하면서 그녀는 갈수록 초조해졌다. 1년 동안 체중이 무려 20킬로그램이나 빠졌다.

"여보, 나 이러다가 죽을 것 같아요."

"무슨 소리? 처음부터 척척 진행되는 사업이 세상에 어디 있소?"

"친구들한테 뭉칫돈을 빌렸는데 어떻게 갚죠?"

남편을 붙잡고 운 것도 여러 번, 그녀는 몇 번이나 사업을 그만두고 싶었다. 하지만 그때마다 선뜻 돈을 빌려줬던 산골 마을 사람들과 친구들의 얼굴이 떠올랐다. 그녀는 이를 악물었다. 사실 더 이상 후퇴할 길도 없었다. 모든 걸 잊고 치즈의 품질에만 신경 쓰기로 했다. 최고의 치즈를 만들면, 언젠가는 사람들이 알아줄 거란 생각이 들었다.

최고의 상품은 꼭 빛을 본답니다!

고민하는 아내의 모습이 안쓰러웠는지, 남편은 회사를 그만뒀다. 아내가 치즈를 만드는 데 한몫해야겠다는 생각을 했던 것이다. 남편은 아이들 공부도 도와주고, 집안일도 거들어 줬다. 그녀에게 남편은 최고의 조력자이자 동반자였다.

이렇게 다시 몇 개월이 지났다. 그 지역 사람들은 점점 염소젖 치즈의 맛을 알고 좋아하게 됐다. 당연히 판매도 꾸준히 늘어났다. 한번 먹어 본 사람들은 영원한 고객이 됐다.

4년 후 염소는 50여 마리로 불어났다. 그녀를 믿고 투자했던 사람들의 돈을 모두 갚을 수 있었다. 당초 6개월 후에 두 배로 갚기로 했던 것을 지키지는 못했지만, 5년 후엔 약속을 지킬 수 있었다. 이제 그녀가 세운 회사는 연간 수백만 달러의 매출을 기록하고 있다.

한때 백혈병으로 고생했던 아들은 건강을 회복해 현재 어머니가 세운 회사에서 함께 일하고 있다. 그녀는 물론 남편에 아들까지 온 가족이 사원이 된 것이다. 이들은 오늘도 매일 아침 눈을 뜨면 염소 우리로 달려가 염소들을 돌보며 아침을 연다. 그녀는 아무리 몸이 불편한 날이라도 일찍 일어나 염소들이 신선한 공기를 마실 수 있도록 신경 쓴다. 가족 모두 힘들고 어려울 때 위기에서 벗어날 수 있도록 도와준 고마운 동물이기 때문이다.

▎패트리스 해리슨-잉글리스의 성공 포인트 3가지

1. 이색 상품인 염소젖 치즈를 개발하겠다는 아이디어를 생각해 냈다.
2. 되는 사업을 밀어라! 때로는 과감하게 승부를 거는 것도 성공의 지름길.
3. 아무리 힘들어도 제품의 질을 최고로 유지했다.

샐러드 가위 만들어 40만 개나 팔았어요!

W e n d y S i l v e r

웬디 실버 |
샐러드 가위 '토스 & 찹 toss & chop' 발명가
www.silvermk.com

샐러드를 먹다가 우연히 생각해 낸 아이디어로 주부들에게 꼭 필요한 샐러드 가위를 만들었다. 홈쇼핑 첫 출연에서 불과 6분 만에 13,000개의 가위를 팔았다. 그녀가 출연했던 홈쇼핑 방송 사상 최고 기록이었다. 여섯 번째 출연 때는 판매 실적이 5만 개로 늘었고, 2004년 현재 전 세계에 판매된 샐러드 가위만 무려 40만 개에 달한다. 좋아하는 음식을 간편하게 먹어 보겠다는 생각이 이렇듯 그녀를 백만장자로 바꿔 놓았다.

아기를 낳기 위해 그만둔 직장, 하지만 생계는?

그녀는 날이 갈수록 초조해졌다. 비슷한 시기에 결혼한 친구들은 대부분 아이를 낳았다. 하지만 그녀만은 아직 아이가 없었다. 얼마 전 직장동료 집에 초대받아 식사를 할 때도 엄마에게 안기는 아기를 보며 얼마나 부러웠던지……

아무 대책 없이 가만히 앉아 있어서는 안 되겠다는 생각이 들었다. 그녀는 점심식사 후 짬을 내어 평소 눈여겨봤던 산부인과를 찾았다.

"영 아기가 안 생겨요. 결혼한 지 벌써 몇 년이나 지났는데."

"직장에 다니십니까?"

"네, 운동복 디자이너로 일하고 있어요."

"직장을 쉬는 게 좋을 것 같습니다. 스트레스가 원인일 수도 있거든요."

1년 전 다른 병원을 찾았을 때도 들었던 얘기였다. 하긴 정밀검사를 해도 별다른 이상이 없다고 하니 직장을 쉬어 보는 게 유일한 방법일 것 같았다. 매일 컴퓨터 앞에 앉아 시간을 보내는 터라 전자파의 영향도 클 것 같았다. 전자기기를 많이 사용하는 여성들의 유산 확률이 정상인보다 최고 여덟 배나 높다는 뉴스가 문득 떠올랐다.

그녀는 마침내 직장에 사표를 던졌다. 집에서 편안하게 지냈더니 정말 임신이 되어 딸아이의 엄마가 되었다. 마흔이 다 된 나이에 얻은 늦둥이라 그런지 아기가 너무 예뻤다. 그녀는 아이 키우는 재미에 푹 빠져 복직할 생각조차 하지 않았다. 그리고 1년 후에는 둘째 딸이 태어났다.

그렇게 7, 8년의 세월이 흘러 어느새 두 아이는 초등학생이 되었다. 아이들을 학교에 보내고 텅 빈 거실에 앉아 오랜만에 자신만을 위한 시간을 갖고 있을 때였다. 문득 어떤 생각 하나가 뇌리를 스치고 지나갔다.

'두 아이를 대학까지 보내려면 남편의 월급만으론 빠듯할 텐데, 뭔가

돈벌이가 될 만한 게 없을까?'

하지만 직장을 떠난 지 10년이 지난 그녀에게 쉽사리 일자리가 생길 리 없었다. 그녀 자신조차 무엇을 해야 할지, 무엇을 할 수 있을지 도무지 알 수 없었다.

임신할 때 좋아하던 샐러드 먹다가 샐러드 가위 생각했어요!

어느 날 그녀는 친구들과 함께 뉴욕의 한 음식점을 찾았다. 신선한 양상추와 각종 채소들이 샐러드 바에 보기 좋게 진열돼 있었다. 그녀는 식사가 끝난 뒤 샐러드를 사 가기로 했다. 집에서 똑같은 샐러드를 만들어 봐야겠다는 생각이 들었던 것이다. 큰 집게로 상추를 집으려고 했지만 잘 집히지 않았다. 집게가 너무 큰 게 아무래도 문제였다.

'샐러드를 동시에 집기도 하고 자를 수도 있는 도구가 있으면 좋을 텐데……. 아, 내가 한번 만들어 볼까?'

갑자기 떠오른 생각이었지만, 뭔가 빠져들 수 있는 일이 생겨 신이 났다. 집에 돌아오자마자 그녀는 큰 샐러드 그릇에 상추와 시금치 등의 잎사귀가 커다란 채소들을 한 움큼 집어넣었다. 그리고 가위로 집어 보기도 하고 잘라 보기도 했다. 하지만 영 좋은 방법이 떠오르지 않았다.

다음날에도 그녀는 아이들을 학교에 보낸 뒤 시간이 날 때마다 이리저리 궁리도 해 보고 설계도를 그려 보기도 했다. 이렇게 해서 나온 것이 바로 샐러드 가위였다. 칼날이 네 쌍으로 되어 있어 두 번만 가위질하면 샐러드가 잘게 썰리도록 설계했다는 것이 포인트였다. 남편은 그녀가 그린 모형도를 보고 깜짝 놀랐다.

"이거 히트할 상품인 걸? 나도 샐러드 먹을 때 이런 게 있으면 좋겠다고 생각했어."

남편은 이 제품만 잘 팔리면 억만장자도 될 수 있다고 큰소리쳤다. 그녀는 남편의 말에 더욱 자신감을 갖게 됐다.

남편도 사표를 내고 그녀를 돕다!
화장품 회사에 다니던 남편은 며칠 뒤 사표를 냈다. 그녀와 함께 사업을 하기 위해서였다. 부부가 모두 실직자가 됐지만, 그녀는 걱정이 되기는커녕 되레 가슴이 설레었다. 또 자신의 아이디어를 믿어 주고 전폭적으로 지지해 주는 남편이 한없이 고마웠다.
 부부는 인터넷을 뒤져 산업디자인 회사를 찾아냈다. 그녀가 그린 샐러드 가위 모형의 설계를 의뢰할 곳이었다. 부부는 이곳에서 그려준 설계도를 제조회사에 보냈다. 가장 좋은 제작사를 찾기 위해 인터넷을 뒤지며 자료를 찾아낸 결과였다.
 이렇게 탄생한 샐러드 기구에 그녀는 토스 & 찹스란 이름을 붙였다. 샐러드 그릇에 야채를 이리저리 '던져가며 toss' '자른다 chop'는 뜻이다. 회사 이름은 실버마크 Silvermark로 정했다.
 다음은 이것을 어떻게 팔지가 문제였다. 부부는 머리를 맞대고 고민하다가 TV 홈쇼핑 방송국인 QVC에 보내기로 했다. 예상보다 방송 절차가 까다로웠지만, 부부는 결코 포기하지 않았다.
 통사정 끝에 겨우 따낸 첫 번째 방송. 방송국에서는 기구를 발명한 사람이 직접 설명하는 게 효과가 좋다며 그녀에게 방송 출연을 권했다. 고민하던 그녀는 '해볼 테면 해보라지' 하는 심정으로 방송국으로 향했다. 하지만 막상 눈부신 조명이 번쩍이는 스튜디오에 들어가자 덜덜 떨리기 시작했다. 겨우 마음을 다잡고 샐러드 기구에 대한 소개를 시작했다. 샐러드 가위는 첫 방송이 나가자마자 주문 전화가 쇄도했다.

샐러드 가위는 이제 미국뿐 아니라 세계인의 사랑을 받는 기구로 자리 잡았다. 하지만 그녀는 눈부신 성공에도 과욕을 부리지 않는다. 돈을 더 벌기 위해 혈안이 되거나 가위를 하나라도 더 팔기 위해 며칠씩 출장을 가지도 않는다. 늦게 가진 두 딸들이 그녀에겐 가장 소중한 행복이기 때문이다.

그녀의 메시지는 언제나 하나다. 아무리 돈이 많아도 사랑을 나눌 가족이 없다면 불행하다는 것이다.

Tip 생식을 하면 정말 오래 살까?

영양학계의 거두로 꼽히는 미국의 포틴저Francis M. Pottinger 박사가 고양이들을 대상으로 생식에 관한 연구를 한 적이 있다(육식동물인 고양이의 경우 생고기와 생우유가 사람의 생식에 해당한다). 그는 고양이 900마리를 다섯 그룹으로 나눠 제4세대에 이를 때까지 줄곧 같은 음식만 먹였다. 과연 그 결과는?

생우유와 생고기만을 먹은 제1그룹과 제2그룹 고양이들은 건강하게 살면서 맘껏 새끼를 퍼뜨렸다. 그 후손들까지 무병장수했음은 물론이다. 반면 저온살균 우유, 전지분유, 농축우유만 먹은 나머지 그룹의 첫 세대 고양이들은 말년에 모두 병에 걸려 죽었다. 그리고 2세대 고양이들은 중년에 이르러 치명적인 병으로 비참하게 죽고 말았으며, 3세대 고양이들은 아예 처음부터 시름시름 앓다가 후손을 보지도 못한 채 죽었다.

웬디 실버의 성공 포인트 3가지

1. 좋아하는 음식을 간편하게 먹으려는 단순한 생각이 다른 사람에게도 도움이 됐다.
2. 자신의 아이디어를 믿고 남편과 함께 상품으로 만들었다.
3. 상품을 팔기 위해 열정을 쏟았지만, 과욕을 부리지 않았다.

●

　부부라면 누구나 행복하게 살기를 원한다. 하지만 희망과는 달리 현실 때문에 이혼하게 되기도 한다. 경제적인 문제든 성격 차이든 또 다른 이유든 이혼은 상처를 남긴다. 특히 여성의 경우 '이혼녀'로 산다는 것은 동서양을 막론하고 힘들기 마련이다. 이혼과 가난의 아픔을 딛고 백만장자가 되기까지 그녀들이 흘린 눈물은 헤아릴 수가 없을 정도다. 하지만 아이들을 위해 최선을 다하는 주부들의 모습은 늘 아름답다.

이혼과 가난의 아픔을 딛고 최고가 된 주부들

역경은 나의 힘!

나보다 무릎이 더 많이 까진 사람 있나요? | 메리 케이 애시

억만장자 부동산업자로 기사회생했죠! | 엘렌 테리

혼자 아이 셋 키우며 초대형 이삿짐센터 세웠어요 | 메리 엘렌 쉬츠

이혼의 고통에 자극 받아 광고업계 최고의 커리어 우먼 됐어요! | 바바라 휴레이

이혼 후 음식 배달부터 시작해 최고의 요리 전문가 됐답니다 | 폴라 딘

나보다 무릎이 더 많이 까진 사람 있나요?
M a r y   K a y   A s h

메리 케이 애시 |
미국 최대 직판 화장품 업체 '메리 케이Mary Kay' 창립자
www.marykay.com

"저보다 무릎이 더 많이 까진 분이 있습니까? 그렇다면 제게 무릎을 보여 주세요. 아마 저보다 상처가 많은 사람은 없을 겁니다. 저는 수도 없이 넘어졌다 일어섰거든요." 2001년 메리 케이 애시가 세상을 뜨기 직전까지 주변 사람들에게 들려 주던 얘기다. 일곱 살 때 아버지를 여읜 메리는 중증 우울증, 이혼, 두 번째 남편의 갑작스런 죽음 등의 갖은 역경을 겪어야 했다. 하지만 그녀는 숱한 고난을 딛고 45세의 늦은 나이에 사업을 시작해 연간 매출액 20억 달러의 거대 화장품 업체를 일궈 냈다.

내 인생엔 왜 불행한 일만 계속 생길까?

그녀는 1918년 미국 텍사스주에서 태어났다. 당시만 해도 그녀의 집은 비교적 잘 사는 편이었다. 하지만 그녀가 여섯 살 되던 해, 아버지가 폐결핵으로 쓰러졌고 가세는 급격히 기울었다. 어머니는 생계를 위해 42킬로미터나 떨어진 음식점에 매니저로 취직해 하루에 열네 시간이나 일해야 했다.

아직 철부지에 불과했던 메리가 병든 아버지를 돌보고 모든 집안 살림을 꾸려나가야 했다. 장을 보고 식사를 준비하고 옷을 사러 먼 길까지 다녀오는 등 '일곱 살 주부'가 따로 없었다.

대학 진학은 꿈조차 꿀 수 없었던 그녀는 열일곱 살에 음악가를 만나 결혼했다. 남편은 이곳저곳을 떠돌아다니기만 할 뿐 돈벌이에는 눈곱만큼도 관심이 없었다. 생계 문제는 온전히 메리의 몫으로 돌아왔다. 그녀는 가정용품 판매 회사에 취직했다.

그녀의 탁월한 영업 능력은 처음부터 눈부시게 빛났다. 입사 직후 그녀는 세일즈 여왕에 오른 판매원의 행동을 눈여겨보았다. 모르는 게 있으면 무조건 그녀를 찾아가 물어보았고, 장점을 골라 따라 했다. 1년 후 그녀는 세일즈 여왕의 자리에 올라섰다.

그녀는 발이 부르트도록 일했고, 결과는 늘 만족스러웠다. 하지만 상상하지도 못했던 시련이 찾아왔다. 제2차 세계대전에 참전하고 돌아온 남편이 돌연 폭탄 선언을 했던 것이다. 진정 사랑하는 여자를 만났으니 이제 그만 헤어지자는 얘기였다. 그녀는 배신감에 치를 떨었다. 지난 7년 동안 고생했던 순간들이 차례로 떠올랐다. 하지만 꾹 참고 물었다.

"그럼 아이들은 어떡하려고요?"

"그동안 내가 없어도 잘만 키웠지 않소."

남편은 천연덕스럽게 대답했다. 아내와 엄마의 역할이 인생의 전부라고 생각하며 살아온 그녀는 엄청난 충격을 받았다. 기운 없이 주저앉은 그녀를 다시 일으켜 준 사람은 어머니였다.

"애야, 넌 일곱 살 때 혼자서 아버지도 돌봐 드렸지 않니? 그런 네가 못할 게 뭐 있니?"

어머니의 말에 그녀는 다시 용기를 냈다. 어차피 찾아올 불행을 피할 수 없다면, 정면으로 맞닥뜨려 싸워 보자고 생각했다.

재혼과 사별, 그리고 창업

그녀는 새로운 마음으로 재출발하고 싶다는 생각에 직장을 옮겼다. 아이 셋을 부족함 없이 키우면서도 훈련국장 자리에 올랐을 만큼 영업 능력을 인정받았다.

하지만 그때까지만 해도 여성에 대한 차별이 극심했다. 더구나 그녀는 이혼녀라는 딱지를 달고 있는 처지가 아니던가. 어느 날 출장을 다녀와 보니 남자 후배가 상급자로 승진해 있었다. 여태껏 자신이 직접 가르쳐 온 직원이었다.

이전에도 여성이란 이유로 갖가지 차별을 받아 왔지만, 이번만은 도저히 그냥 넘어가기 어려웠다. 그녀는 곧바로 사표를 냈다. 마흔다섯이라는 적잖은 나이에 실직자가 된 것이다. 어느새 아이들은 모두 자라 집을 떠났고, 그녀 혼자 텅 빈 집에 남았다. 27년간 자신의 인생을 바쳤던 직장과 아이들이 모두 사라진 탓이었을까? 지독한 우울증이 찾아왔다.

모든 게 끝난 것만 같았다. 때로는 죽음을 심각하게 고민한 적도 있었다. 우울증과 절망감, 무료함을 이기지 못한 채 낙오자로 인생을 끝마치고 말 것이라는 공포감이 몰려왔다.

우울한 날들이 계속 되던 어느 날, 그녀는 식탁에 앉아 직장생활을 돌이켜봤다. 백지를 좌우로 나눠 왼쪽에는 직장에 다니면서 실망스러웠던 점들을, 오른쪽에는 좋았던 점들을 정리해 나갔다. 이렇게 적다 보니 좋은 회사, 가장 이상적인 회사가 어떤 곳인지 금방 알 수 있었다. 그녀는 자신이 기록한 것들을 보며 세상에서 가장 좋은 회사를 만들겠다고 다짐했다.

그녀는 아이를 키우며 직장에 다니는 주부들의 설움을 누구보다 더 잘 알고 있었다. 남성 위주의 기업문화에서 여성들은 제아무리 열심히 뛰어봐야 결국은 찬밥 신세였다. 그녀는 여성들에게도 남성 못지않은 기회를 주고 싶었다. 그리고 재혼도 했다. 앞으로는 더 열심히 살날만 남은 것 같았다.

여성들을 위한 회사를 설립하다!

이때부터 그녀는 주부들이 아이들을 돌보며 하루 몇 시간만 투자하고서도 돈을 벌 수 있는 회사가 어떤 직종일까에 대해 생각하기 시작했다. 결론은 바로 화장품 회사였다. 제품으로는 가정용품 판매원 시절 우연히 알게 된 영양크림을 선택했다. 한 제혁업자가 가죽을 무두질하는 과정에서 개발해 낸 것으로 여성들의 얼굴 피부에 꼭 맞는 제품이었다.

그녀는 지금까지 모은 돈 5천 달러를 들여 화장품의 제조법을 사들였다. 물량을 확보하고 판매원을 모집했다. 회사 출범을 한 달 앞둔 날 아침, 그녀의 인생엔 또 한 번의 시련이 다가왔다. 함께 아침식사를 하던 두 번째 남편이 심장마비로 갑자기 사망했던 것이다.

이루 말할 수 없는 슬픔과 상실감이 밀려왔다. 인생의 행복을 알게 해 준 그에게 아무 것도 하지 못한 채 떠나보내야 하다니! 매일 아침마다 눈을 뜨고 싶지 않았다. 하지만 그동안 진행시켜 왔던 일을 그만둘 수는 없었다. 그녀는 철저히 일에 파묻혔다.

그녀가 남편을 잃은 슬픔 속에서도 화장품 회사를 창업하려 하자, 주변 사람들은 한사코 반대했다. 변호사는 화장품 회사의 도산 가능성이 아주 높다는 통계까지 들이대며 말렸다. 하지만 그녀는 흔들리지 않았다. 창업할 기회가 두 번 다시 오지 않을 수도 있다는 생각 때문이었다. 결국 자신의 인생은 스스로 책임져야 하는 것이다.

그녀는 아들과 함께 하루 16~18시간씩 일하는 강행군을 계속했다. 매출액이 꾸준히 늘어났다. 그녀는 일요일 저녁이면 다음 일주일간 달성해야 할 목표를 반드시 적어 놓곤 했다. 일주일 내내 매일 아침 화장실에 갈 때마다 화장실 거울에 비눗물로 그 목표를 다시 적어 보았다. 목표를 이루기 위한 그녀만의 주문이었다.

모든 직원들이 백만장자를 꿈꾸는 회사

마침내 그녀의 주문은 이뤄졌다. 창업한 지 1년 만에 20만 달러의 매출액을 올렸다. 매출액은 해마다 큰 폭으로 늘어났다. 다른 기업보다 여성들을 더 배려해 준다는 소문이 퍼지면서 유능한 주부들이 몰려들었다.

당시 여성들은 똑같은 일을 하고도 남성들의 절반밖에 안 되는 월급을 받아야 했다. 그녀는 철저하게 실적에 따라 승진시켰고, 직원들을 가족처럼 대했다. 수천 명의 직원들에게 친필로 쓴 생일카드를 빠짐없이 보냈고, 직원의 가족이 아프면 위로전화를 했다. 직원들은 실적이 오르면 승진이 보장된다는 확신을 갖고 있었기 때문에 자발적으로 일했다.

1966년 그녀는 사업가와 세 번째로 결혼했다. 하지만 그도 1980년에 암으로 세상을 떠났다. 그녀는 1987년 회장직을 아들에게 넘겨주고 경영

일선에서 물러나 명예회장에 올랐다. 그녀가 세운 메리 케이 화장품 회사는 미국 내 기초화장품 시장의 10%, 색조화장품 시장의 8%를 차지하는 굴지의 화장품 업체이자, 세계 최대의 직판 화장품 회사이기도 하다. 이 회사의 판매원 130만 명은 모두 백만장자의 꿈을 꾸며 일하고 있다. 실제로 직원 중 2백여 명은 이미 백만 달러 이상을 벌어들였다.

그녀가 남긴 더 큰 유산은 여성들에게 심어 준 자신감이다. 그녀는 늘 가슴에 땅벌 모양의 핀을 꽂고 다녔다. 가장 우수한 판매원에게도 땅벌 핀을 상으로 수여했다. 땅벌이 용기 있는 여성들을 상징한다는 게 그녀의 설명이다.

"공기역학적으로 보면 땅벌은 날 수 없습니다. 몸에 비해 날개가 짧기 때문이죠. 하지만 땅벌은 날 수 있어요. 왜 그럴까요? 날개가 짧다는 사실을 모르기 때문이에요. 오늘날 여성들도 땅벌과 마찬가지입니다. 위로 올라설 수 없다는 생각을 버리세요. 불가능은 없다고 믿고 날아가면 꼭대기까지 날아갈 수 있습니다."

그녀가 세계 모든 여성들에게 남긴 조언이다.

▌메리 케이 애시의 성공 포인트 3가지

1. 어떤 불행한 상황에서도 '할 수 있다'는 자신감으로 극복했다.
2. 남들이 자신에게 해 줬으면 하는 방식으로 남을 대접했다.
3. 현재의 작은 성공에 만족하지 않고, 늘 더 큰 목표를 정해 열심히 뛰었다.

억만장자 부동산업자로 기사회생했죠!
E l l e n T e r r y

엘렌 테리 |
억만장자 부동산 중개업자
www.eterry.com

이혼 후 지독한 쇼핑중독에 빠지고 만 엘렌 테리는 눈 깜짝할 새에 엄청난 빚더미에 올랐다. 그때서야 정신을 차린 그녀는 부동산 중개업자로 변신해 승승장구했고, 차근차근 단계를 밟아 '엘렌 테리 부동산 회사'를 세웠다. 이 회사는 직원 1,200명, 한 해 매출 규모 40억 달러에 달하는 초대형 회사로 성장했다. 아무도 못 말리는 쇼핑중독자에서 백만장자를 넘어 억만장자로 화려하게 변신한 그녀만의 노하우는 과연 무얼까?

세상에서 제일 멋진 건 명품 쇼핑!

미국 텍사스주 댈러스의 고급 주택가. 주말이라 거리는 텅 비었지만, 한 집에서만은 계속 웃음소리가 흘러나왔다. 파티가 열리고 있었던 것이다. 파티에 참석한 사람들은 하나같이 부잣집 마나님이었다. 그들은 남자 관계, 돈, 보석, 크루즈 해외여행 등의 화려한 상류생활을 주제로 정담을 나누고 있었다.

파티를 연 장본인은 값비싼 보석과 명품으로 온몸을 치장하고 있었다. 엘렌 테리, 1976년 당시 그녀의 나이 37세였다. 그녀는 시내 중심가의 고급 백화점에서 돈을 펑펑 쓰는 것으로 유명했다. 한마디로 명품 중독 증세에 빠져 있었던 것이다. 그녀의 쇼핑중독증은 이혼 후 더 심해졌다. 하다못해 손수건 하나를 사도 꼭 백화점에서 명품으로 여러 장씩 구입해야 직성이 풀릴 정도였다.

파티 분위기가 한창 고조되고 있을 때였다. 참가자들은 이제 즐겁게 노래까지 흥얼거리고 있었다. 불현듯 초인종이 울렸다. 그녀는 늦게 도착한 손님을 맞기 위해 한껏 부드러운 미소를 띠며 문을 열었다. 아니었다. 벤츠승용차에서 보낸 사람들이었다.

"댁의 승용차에 대한 압수 명령이 떨어졌습니다."

"네? 왜요?"

"할부대금이 벌써 몇 달째 미납입니다."

순간 눈앞이 하얗게 변했다. 정신을 놓고 있는 새에 그녀의 벤츠는 견인차에 끌려가고 있었다.

차를 압수당한 뒤 그녀는 정신이 번쩍 들었다. 재산 상태를 점검해 보니 어처구니없었다. 은행 잔고를 확인하지도 않은 채 개인수표를 남발한 탓에 국세청에 내야 할 돈이 수십만 달러에 달했다. 그때까지 신데렐라처럼 살아온 그녀는 돈을 어떻게 버는지에 대해서는 청맹과니나 다름없었다. 돈을 벌어 오는 건 그저 남편이 책임져야 할 일이었다. 하지만 이제 그녀는 단돈 한 푼 없이 두 아이와 함께 길거리에 나앉아야 할 형편으로 전락했다.

허리띠를 졸라매고 돈 될 일을 찾아라!
빚을 갚기 위해 그녀는 이를 악물었다. 우선 값비싼 옷과 보석, 가구를 팔았다. 집도 팔고 침실이 한 개밖에 없는 집으로 이사했다. 여덟 살짜리 아들과 여섯 살짜리 딸은 친정집에 맡겼다. 생이별이었다. 하지만 직장을 잡으려면 어쩔 수 없었다. 퇴근할 때까지 유아원에 맡기거나 보모를 고용할 돈이 없었기 때문이다. 쪼들리는 것은 참을 수 있었지만, 아이들을 자주 볼 수 없다는 건 견디기 힘들었다. 하지만 참을 수밖에 없었다.

일자리를 찾기 위해 동분서주하던 그녀는 결국 여행사에 취직했다. 친구가 운영하는 회사였다. 하지만 여행사 월급으로는 아이들을 데려와 먹여 살리기에 턱도 없이 모자랐다. 여행사에 다니면서, 퇴근 후엔 계속 다른 일자리를 알아보았다.

그녀는 부동산 중개업에 마음이 끌렸다. 사람들과 만나는 것도 좋았고, 아이들의 등하교를 직접 챙길 시간도 낼 수 있을 것 같았다. 또 잘만 하면 빠른 기간에 많은 수입을 올릴 수 있을 거란 생각이 들었다.

그녀는 주말마다 부동산 학원에 다녔다. 부동산 중개사 시험을 보기 위해 속성 수학 강좌도 신청했다. 열심히 노력한 결과 시험에 무난히 합격할 수 있었다.

어느 날 구닥다리 차를 몰고 여행사에 출근하러 가는 길이었다. 빨간 신호등이라 차를 멈췄는데, 옆에 서 있던 벤츠의 운전자가 동그래진 눈으로 아는 체했다. 처녀 시절 절친하게 지냈던 친구였다. 화끈 달아오른 얼굴을 돌리려는 찰나 친구가 말을 걸었다.

"어? 엘렌, 정말 오랜만이야. 어떻게 지내니?"

"응, 난 부동산 중개사 자격증을 땄어. 혹시 집 사려는 사람 있으면 알려 줘."

"그래? 마침 우리 부모님도 새 집을 찾고 있는 중인데······."

파란 신호등이 켜지자 그들은 서둘러 인사를 나누고 헤어졌다.

이제 그녀는 부동산 회사에서 일하게 됐다. 그동안 살아왔던 것과 전혀 다른 분위기에서 일하려니 모든 게 얼떨떨했다. 선배들은 그녀에게 조급하게 생각하지 말라고 조언했다. 실적 한 건을 올리는데 6개월 이상이 걸릴 수도 있다는 것이었다.

하지만 그녀는 돈이 급했다. 자존심을 무릎쓰고 얼마 전 우연히 길가에서 마주쳤던 친구의 집에 찾아갔다. 다행히 친구의 부모님이 당시로서는 어마어마한 거액인 40만 달러 상당의 새 집을 찾고 있었다. 다행이었다. 그녀는 입사한 지 45일 만에 소개료로 12,000달러를 벌 수 있었다. 여행사에서 1년 동안 일해야 벌 수 있는 금액이었다.

최고의 부동산 회사를 세웠으나 아들은 마약중독자

적성에 맞는 직업을 택해서인지 실적이 쑥쑥 올라갔다. 그녀는 2년 연속 '텍사스 최고의 부동산 세일즈 왕'으로 뽑혔고, 풀장이 딸린 저택과 고급 승용차를 살 수 있었다. 하지만 가장 기뻤던 것은 친정에 맡겼던 아이들을 데려올 수 있었다는 것이다.

1981년, 그녀는 마침내 자신의 부동산 회사를 세웠다. 백만 달러 이상의 최고급 주택만을 전문적으로 매매하는 회사였다. 일하는 동안 그녀는 미처 깨닫지 못했던 자질이 자신에게 있음을 깨달았다. 다른 사람의 마음을 움직이는 남다른 능력이 자신 속에 내내되어 있었던 것이다. 회사는 성장을 거듭했고, 창립 5년 만에 매출액 1억8천만 달러의 거대 기업으로 성장했다. 매출이 오르면 오를수록 욕심이 생겼고, 점점 더 일에 빠져들었다.

하지만 그녀가 돈 버는 재미에 푹 빠져 있는 동안, 엄마의 사랑을 받지 못하고 자란 아들은 알코올과 마약에 절고 말았다. 그녀는 큰 충격을 받았다. 지금껏 자신이 살아온 이유가 무엇 때문이란 말인가? 어느새 자신은 일 중독자가 돼 아이들을 방치하고 있었던 것이다.

50세 생일이 되던 날, 그녀는 남은 인생을 좀더 균형 있게 살리라 결심했다. 그리고 회사를 매각했다. 수십억 달러의 매출을 올리는 알짜배기 회사였고, 그녀의 젊음과 피땀이 어린 곳이었다. 15년 동안 정열을 불태워 만든 회사를 판다는 것은 어려운 결정이었다. 하지만 그녀에겐 아이들이 더 중요했다.

아이들과 함께 인생을 즐기면서 살고 있어요!

"회사를 세우는 건 아이를 낳는 것과 같습니다. 그렇게 소중한 것을 팔려니 눈물이 앞을 가리더군요."

부동산 매각 후 한 언론과의 인터뷰에서 그녀가 한 말이다.

회사를 팔았지만 현재 그녀는 과거보다 더 열정적으로 살고 있다. 매각한 회사에 평직원으로 입사해 수백만 달러의 고액 부동산 거래만을 전담하고 있다. 사장직에서 물러난 뒤 거래를 성사시킨 주택들의 평균 매매가격이 250만 달러나 되고, 심지어 2,200만 달러의 초호화 주택을 중개한 적도 있다.

정신없이 회사를 운영하느라 아스라이 잊어버렸던 기억들도 되찾을 수 있었다.

"경영만 하다 보니 골치 아픈 일이 한두 가지가 아니더군요. 수백만 달러짜리 거래를 내 손으로 어렵사리 성사시켰을 때의 짜릿함도 없고요. 15년 만에 다시 현장에 뛰어들고 보니 기운도 다시 솟고 스릴도 생겨서 행복합니다."

현재 그녀는 자녀들과 함께 행복하게 살며 부동산 거래를 진심으로 즐기고 있다.

▌엘렌 테리의 성공 포인트 3가지

1. 낭비벽을 뒤늦게라도 뉘우치고 자신이 가장 잘할 수 있는 일을 찾았다.
2. 늦은 나이에도 포기하지 않고 공부해 부동산 중개사 자격증을 땄다.
3. 아이들을 생각해 수십억 원대의 부동산 회사를 과감하게 팔았다.

혼자 아이 셋 키우며
초대형 이삿짐센터 세웠어요

Mary Ellen Sheets

메리 엘렌 쉬츠 |
미국 5대 이삿짐센터 '두 남자와 트럭' 창립자
www.twomenandatruck.com

이혼 후 세 아이를 맡게 된 메리 엘렌 쉬츠는 앞으로 살아갈 일이 막막했다. 하지만 그녀는 번뜩이는 아이디어로 이삿짐센터를 차렸고, 2004년 현재 미국 26개 주에 총 138개의 체인점을 갖고 있는 거대 기업의 소유주가 되었다. '두 남자와 트럭'은 보유 트럭만 800대로 미국에서는 다섯 번째 초대형 이삿짐센터다. 어릴 적 메리의 별명은 홍당무였다. 그렇게 수줍음 많던 그녀가 어떻게 거친 남성들의 세계인 이삿짐 운송업에 뛰어들어 억만장자가 됐을까?

이혼 후 아이들의 용돈을 벌기 위해 시작했던 이삿짐센터

그녀가 사업가로 변신한 것은 자의 반 타의 반이었다. 결혼 20년 가까이 된 어느 날, 남편은 돌연 이혼을 선언하고 집을 떠났다. 도무지 이유를 알 수 없었다. 고생하며 함께 살아온 지난 세월이 서럽기도 했고, 화가 나기도 했다. 세 아이와 함께 어떻게 살아야 할지 막막했다.

살길을 찾아 허둥대던 그녀에게 다행히 미시건 주정부의 컴퓨터 프로그래머로 일할 수 있는 기회가 생겼다. 급한 대로 네 식구가 입에 풀칠은 할 수 있었다. 하지만 공무원 봉급으로 세 아이를 키우려니 아무래도 버거웠다.

하다못해 아이들이 제 용돈이라도 알아서 벌어 쓰면 한결 형편이 나아질 텐데……. 열심히 궁리하던 그녀에게 어느 날 문득 떠오른 것이 바로 이삿짐센터였다.

"차로 실어 나를 것이 있을 땐 두 남자와 트럭을 부르세요."

그녀는 동네 쇼핑 정보지에 광고를 냈다. '두 남자와 트럭 Two Men and a Truck'은 그녀가 장난 삼아 지은 말이었다. 두 아들이 언제든지 달려가 도와주겠다는 뜻이었다. 이삿짐을 나르는 경우 시간당 25달러를 받기로 했다. 25달러 가운데 22달러는 아이들 몫이었다. 두 아들이 11달러씩 나눠 가졌다. 나머지 3달러는 부엌 식탁 위에 놓인 빈 접시에 놓아두었다. 픽업트럭의 연료비로 쓰기 위해서였다.

어느 정도 시간이 흐르자, '두 남자와 트럭'은 동네에서 유명해졌다. 기존 이삿짐센터와는 달리 정겨운 이름인데다, 두 아들도 우락부락한 이삿짐센터 남자들과 달리 상냥했다. 사람들은 자기 집 아이들에게 심부름 시키듯 편안하게 일을 시킬 수 있다는 데 단단히 반했다. 두 아들 역시 용돈을 벌어 쓰는 재미에 푹 빠져 힘든 줄도 모르고 신나게 일했다.

이제부턴 '성인 두 남자와 트럭' 입니다!

몇 년 후 두 아들은 대학에 진학해 집을 떠났다. 하지만 그들이 집을 떠난 뒤에도 '두 남자와 트럭'을 찾는 고객들의 전화가 끊이지 않았다. 사람들은 짐을 옮길 때마다 자연스럽게 두 아이와 픽업트럭을 떠올리게 됐던 것이다.

고객들에게 계속 일을 해 주는 방법이 없을까 고민하던 그녀는 350달러를 들여 낡은 중고 트럭을 한 대 샀다. 두 아들이 몰던 픽업트럭보다 덩치가 큰 트럭이었다. 말끔하고 착실해 보이는 청년 두 명도 고용했다. 시간당 10달러씩 주기로 했다. 그리고 동네 쇼핑정보지에 다시 광고를 냈다.

"두 남자와 트럭 – 더 큰 트럭과 더 큰 두 남자가 이삿짐을 날라 드립니다. 가격은 전과 같습니다."

그녀는 하루 일과를 마칠 때마다 직원들에게 현금으로 시간당 수당을 꼬박꼬박 지급했다. 저녁식사와 설거지가 끝나면 식탁에 앉아 하루 일을 정리하고, 고객들에게 전화해 이사를 잘했는지, 불편한 점은 없었는지 확인했다. 문제점이나 개선할 사항이 있으면 반드시 메모해 뒀다가 고쳐 나가도록 했다. 한 번이라도 '두 남자와 트럭'을 이용해 본 사람들은 평생 고객이 됐다. '두 남자와 트럭'은 동네사람들의 입소문을 타고 옆 마을까지 알려졌다.

하지만 계속 좋은 일만 일어났던 것은 아니다. 어느 날엔가는 한밤중에 전화를 건 남자 고객 하나가 가보로 내려오는 식탁에 흠이 생겼다며 욕설을 퍼부은 적도 있었다. 그는 정부기관에 연락해 아예 사업을 하지 못하도록 만들겠다고 협박했다. 모욕감에 밤새 눈물을 흘려야 했다. 하지만 오히려 그녀는 프로그래머 일을 그만두고 아예 이삿짐센터를 본격적으로 운영하리라 결심했다. 주력 사업이 아니다 보니 자잘한 실수가 생길 수밖에 없다고 판단해서다. 또 그게 더 전망이 낫다는 생각이 들었다.

다음날 사표를 내자, 동료들은 깜짝 놀랐다. 성실한 그녀가 아무 말 없이 갑자기 사표를 냈기 때문이다. 안정된 직장을 제 발로 걷어찬다며 친정어머니 역시 펄쩍 뛰었다. 하지만 그녀는 뜻을 굽히지 않았다. 오히려 식탁에서 처리하던 이삿짐센터 일을 지하실로 옮기고, 중고트럭 한 대를 더 사고, 사람도 더 고용했다.

경쟁업체와의 차별화를 시도한다

지금도 마찬가지지만 그녀가 이삿짐센터를 시작했던 1980년대에도 이삿짐 운송 사업은 남성들의 전유물이었다. 이삿짐 운송업체 사장이나 직원들은 거의 모두 근육이 불쑥불쑥 튀어나온 남성들이었다. 짐을 실어 나르는 남성들은 대개 땀 냄새가 물씬 풍기고, 먼지와 때가 까맣게 낀 옷을 입고 있었으며 팔뚝에는 문신이 잔뜩 새겨져 있었다. 행동도 투박하고 매너도 거칠었다.

그녀는 이런 점이 싫었다. 고객들도 마찬가지일 거라 생각했다. 그녀는 다른 업체들과의 차별화를 위해, 그리고 고객들에게 최상의 서비스를 제공하기 위해 '두 남자와 트럭'에서 일하는 직원들에게 행동 수칙을 제시했다.

반드시 고객들에게 깍듯하게 자기소개를 하고, 깨끗하고 단정한 옷차림으로 항상 미소를 지으라는 것이 바로 그것이었다. 또한 이삿짐을 나르다 손상된 물건이 있으면 철저하게 보상했고, 이혼이나 실직 등으로 심한 스트레스를 받는 상황에서 이사하는 고객들은 특별히 더 배려했다.

그녀의 전략은 주효했다. 회사는 날로 번창했다. 그녀는 새로 구입하는 트럭에 '두 남자와 트럭'이란 상호와 회사 전화번호를 큼지막하게 붙이도록 했다. 광고 효과를 노린 것이었다. 트럭이 돌아다닐 때, 다른 운전자나 길거리를 걷던 사람들이 회사를 기억하게 만들기 위해서였다.

사업 규모가 제법 커졌을 무렵, 친구 하나가 체인점을 열어 보라고 권유했다. 당시 운송업계에서는 생각조차 못해 본 일이었다. 그녀는 다시 한 번 용기를 냈다. 1989년에 그녀는 이삿짐업체 사상 처음으로 체인점을 열었다.

아마도 2010년쯤이면 '두 남자와 트럭'의 체인점 수는 모두 2백여 개로 늘어날 전망이다. 그녀는 집 지하실이자 회사 본부로 쓰던 건물을 팔고 1998년엔 대도시에 있는 으리으리한 현대식 건물로 회사본부를 옮겼다. 그녀의 땀과 끈기, 집념이 이룬 결과다.

Tip 이것이 프랜차이즈다!

일정 지역에서의 독점판매권, 독점영업권을 뜻한다. 미국의 경우 이삿짐센터 체인점은 인구 25만 명에서 50만 명 정도 되는 곳에 한 곳을 두는 것이 보통이다. 체인점은 지역 내에서 모회사의 상호를 독점적으로 사용할 권리를 얻고, 사업에 필수적인 노하우와 기술을 모회사로부터 지원 받는다. 아울러 직원 교육, 마케팅, 광고에 대한 지원도 받는다. 대신 체인점은 매년 총 수입액의 6% 정도를 로열티로, 1%를 광고료로 모회사에 지불해야 한다.

▍메리 엘렌 쉬츠의 성공 포인트 3가지

1. 아이들에게 돈을 스스로 벌어 쓰는 법을 가르쳤다.
2. 자신이 시작한 사업을 포기하지 않고 키우기 위해 끝까지 노력했다.
3. 고객들에게 최상의 서비스를 제공하려고 항상 최선을 다했다.

이혼의 고통에 자극받아
광고업계 최고의 커리어 우먼 됐어요!
B a r b a r a H u g h l e y

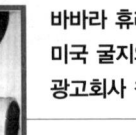

바바라 휴레이 |
미국 굴지의 광고회사 '오길비&메이서 Ogilvy & Mather' 부사장,
광고회사 창업

이혼의 아픔으로 지독한 비만에 시달리던 바바라 휴레이는 새 삶을 살기로 굳게 결심했다. 바바라는 광고회사 오길비&메이서에 입사한 후 최선을 다해 자신의 능력을 입증했고, 부사장 자리에까지 올랐다. 퇴사 후엔 자신의 광고회사를 창업해, 1988년 '성공한 여성학회 Academy of Women Achievers'에 이름을 올렸다. 분노와 무기력에 빠져 고통받던 이혼녀가 미국 광고업계에서 이름만 대면 알아주는 스타로 떠오른 비결은 무엇일까?

못생긴 얼굴에 살만 찐 이혼녀, 새 출발하다
"어휴, 저 못생긴 얼굴! 살이 뒤룩뒤룩 찐 몸매! 정말 죽고 싶어!"

그녀는 거울에 비친 자신의 모습을 보며 저주하듯 마구 악을 썼다. 벌써 몇 주째 이러고 있었다. 표정은 하루가 다르게 점점 더 일그러져 가기만 했다.

그랬다, 남편은 대학 졸업 후 좋은 직장에 취직하자마자 이혼을 선언했다. 그러곤 보란 듯이 다른 여자와 재혼해 버렸다. 남편을 붙잡고 따져도 봤지만, 돌아선 그의 마음은 돌아오지 않았다. 지난 세월이 사무치게 되살아났다.

결혼 후 그녀는 남편이 대학교를 무사히 마칠 수 있도록 백화점 판매사원으로 일하며 학비와 생활비를 벌어야 했다. 늘 돈과 시간에 쪼들리느라 정신없는 나날이었다. 남편은 그녀의 순수한 마음을 한순간에 걷어차 버린 것이다.

그녀는 배신감과 상처에 괴로워하며 자신을 한없이 괴롭혔다. 차라리 그게 더 마음 편했다.

그렇게 얼마간의 시간이 지나갔다. 늦은 밤 그녀는 어두컴컴한 방 안에서 잠든 아이들의 머리를 쓰다듬으며 우두커니 앉아 있었다. 엄마의 방황에 아이들까지 힘들었던 모양인지 잠든 모습이 애처로웠다. 그녀는 자신도 모르게 벌떡 일어났다.

'증오심 때문에 나 자신을 파멸시키면 아이들의 앞날도 막막해진다. 절대로 그럴 수는 없다!'

그녀는 눈을 감았다. 그리고 전남편을 용서하기로 마음먹었다. 어쨌든 아이들의 아버지이고, 그 역시 불쌍한 인생이었다. 어느 정도 시간이 흐르자, 그동안 자신을 괴롭혀 왔던 증오심이 서서히 사라지는 걸 느낄 수 있었다. 그녀에게 중요한 것은 전남편에 대한 미움이 아니라, 아이들에 대한 사랑이었다.

활기를 되찾은 그녀는 일자리를 찾기 위해 고물차를 끌고 거리로 나섰다. 카 라디오에서 흘러나온 광고 하나가 그녀의 귀를 번쩍 뜨이게 했다. 굴지의 광고회사 오길비&메이서에서 직원을 모집하는데, 자신과 같은 흑인이나 멕시코인, 아시아인 등의 소수민족 출신도 지원 가능하다는 내용이었다. 그녀는 부리나케 달려가 원서를 냈다.

그리고 며칠 뒤 광고회사에 면접을 보러 갔다. 30명을 뽑는데 300명도 넘는 지원자가 몰렸다. 그녀는 10 대 1의 경쟁을 뚫고 당당히 합격했다. 제대로 된 직장을 갖게 된 것이다. 그녀는 회사에 승부를 걸기로 마음먹었다.

굴지의 광고회사에서 부사장의 자리에 오르다

그녀의 회사는 뉴욕의 최고급 백화점 거리 앞에 있었다. 여직원들은 점심시간에 짬을 내어 백화점에 가는 게 낙이었다. 하지만 그녀는 쇼핑에 전혀 관심이 없었다. 그보다 아이들에게 무엇을 먹이고, 어떤 옷을 사 줄 것인지에 관심을 가졌다. 여윳돈이 생기면 아이들의 대학진학에 대비해 꼬박꼬박 저축했다.

그녀는 직장 일에 최선을 다했다. 그리고 맡은 일이 끝나면 끊임없이 새로운 아이디어를 개발하는 데 몰두했다.

실적이 늘어나면서 승진도 빨라졌다. 실적에 상응하는 보상이 없을 때엔 왜냐고 당당하게 따져 물었다. 주어진 일을 대충 넘겨 본 적 없이 100% 달성될 때까지 최선을 다했으니, 그에 합당한 보상이 이루어지는 게 당연하다고 생각했기 때문이다.

회사에서도 그녀의 성취욕과 빈틈없음을 높이 샀다. 철저하게 실적 위주로 돌아가는 게 광고회사인 만큼 그녀는 늘 좋은 평가를 받았고, 입사 14년 만에 부사장 자리에까지 올랐다.

사회에서의 성공은 가정으로도 이어졌다. 그녀는 재혼해 딸을 낳았다. 회사의 임원이면서 한 남자의 아내이자 아이들의 엄마! 하지만 일에 대한 열정은 식을 줄 몰랐다.

지위가 높아지면서 출장이 잦아졌다. 근무시간의 70%가 출장으로 채워졌다. 비행기를 타고 뉴욕에서 휴스턴, 로스앤젤레스, 시카고 등의 대도시를 돌다가 다시 뉴욕으로 돌아오곤 했다. 비행기 안에서 졸다가 깨어나 어느 도시에 있는지 몰라 어리둥절했던 적도 있었다. 그녀는 이제 미국 광고업계에서 이름만 대면 알아주는 스타로 떠올랐다.

아픈 딸아이를 간호하기 위해 광고회사를 사직하다

하지만 그녀의 행복은 그리 오래가지 않았다. 어느 날 회사 사무실에 앉아 있을 때 딸아이가 다니는 초등학교에서 전화가 걸려 왔다. 다급한 목소리였다.

"슬쩍, 넘어진 것 뿐인데, 일어서지조차 못하네요."

"네, 뭐라고요?"

그녀는 학교로 달려갔다. 이제 겨우 열 살이 된 딸은 어찌 된 영문인지 정말 꼼짝도 하지 못했다. 겉으로 봤을 때엔 아무 상처도 없는데, 도무지 이해할 수 없는 일이었다. 병원에 데려가 정밀 검사를 받아 본 결과 양쪽 엉덩이뼈가 망가져 있었다. 딸은 태어날 때부터 선천성 뼈 질환을 앓아 왔던 것이다. 가능한 빨리 인공 엉덩이뼈 이식수술을 받아야 했다.

고통 받는 딸을 바라보고 있자니 가슴이 찢어지는 듯했다. 그녀는 아무

망설임 없이 회사에 사표를 냈다. 어린 딸이 누구보다도 엄마를 절실히 필요로 하기 때문이었다. 딸이 수술실에 들어간 순간부터 퇴원하기까지 석 달 동안 병원에서 살다시피 했다. 밤을 새우는 날도 많았다. 아이는 두 차례에 걸쳐 큰 수술을 받았다. 다시 걸어 다니려면 빨라야 2년을 기다려야 한다고 했다.

일단 딸이 퇴원하기는 했지만, 그녀는 처음부터 다시 시작해야 했다. 그녀가 원하기만 하면 전에 다니던 광고회사에 언제든 들어갈 수 있었다. 하지만 직장에 매이게 되면 딸을 돌볼 시간이 나지 않을 터였다. 다시 일 중독자가 되면, 딸의 병이 악화될 것만 같았다. 그녀 역시 이제는 삶의 여유를 갖고 싶었다.

남의 회사에 다니기 힘들다면, 해결책은 하나뿐이었다. 자신의 회사를 세우는 것! 그녀는 광고회사 임원 시절 받았던 주식을 팔아 미디어 회사를 창업했다.

100명이 넘는 부하직원들에게 지시만 하다가 직원 한 명만 데리고 밑바닥부터 시작한다는 게 그리 쉬운 일은 아니었다. 하지만 광고 일을 하며 쌓아온 미디어 산업 전반의 노하우가 서서히 진가를 발휘했다. 사업은 궤도에 오르기 시작했다.

그녀는 이제 일중독에 빠지지 않으려 노력한다. 예전처럼 일을 위해 아침 일찍부터 밤늦게까지 매달리는 일도 거의 없다. 점심시간에도 한 시간가량 여유를 가지고 식사한다. 일에 중독되어 있을 땐 점심시간도 아까워 샌드위치를 먹으며 일했던 것이다.

그녀가 다른 어떤 것보다 중요하게 생각하는 것은 일과 가정의 균형이다. 회사에서 집까지의 거리는 3분. 그리고 회사에서 딸이 다니는 학교까지의 거리는 2분이다. 동선이 가까워야 일과 가정, 모두에 충실할 수 있을 거란 생각에 일부러 회사와 집 위치를 그렇게 잡았다.

   그녀는 딸의 병을 계기로 잃었던 자신의 모습을 되찾고, 회사를 세워 일하는 즐거움도 동시에 누리고 있다.

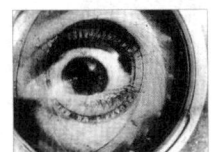

바바라 휴레이의 성공 포인트 3가지

1. 아이들을 위해 전남편에 대한 증오심을 스스로 삭일 줄 알았다.
2. 자신에게 가장 맞는 일이 무엇인지 찾아내 열심히 일했다.
3. 딸을 위해 일을 과감히 포기하고, 또 다른 인생을 찾아냈다.

이혼 후 음식 배달부터 시작해
최고의 요리 전문가 됐답니다

P a u l a   D e a n

폴라 딘 |
억만장자 레스토랑 경영자, 요리전문가
www.ladyandsons.com

폴라 딘은 이혼 후 단돈 200달러를 밑천으로 음식 배달을 시작했다. 우여곡절 끝에 레스토랑을 운영하게 됐으며, 이후 미국 최고의 요리전문가가 됐다. 2003년엔 미국 중소기업청으로부터 '올해의 조지아주 기업인'으로 선정됐다.
요리책을 출간해서 화제를 불러일으키기도 한 그녀는 현재 연간 매출액 300만 달러의 레스토랑을 경영하고 있다. 2002년 6월엔 두 아들과 함께 『오프라 윈프리 쇼』에 출연하는 영광을 누리기도 했다.

남편에게 무시당하고 살았던 27년

"더 이상 이런 식으론 못 살겠어요."

이혼을 선언하는 그녀의 눈에 눈물이 맺혔다. 방울방울 흘러내리던 눈물이 어느새 굵어졌고 이내 통곡으로 변했다.

배운 것도 없고 돈도 없었던 그녀는 열여덟에 결혼해 남편을 인생의 전부라 생각하며 살아왔다. 두 아들이 초등학교에 들어간 뒤엔 은행에 취직해 일도 열심히 했다.

새로운 일을 시작한 게 잘못이었을까? 그녀가 은행에서 돈을 세고 있을 때, 갑자기 차가운 쇠붙이가 머리에 닿았다. 권총 총구였다. 그녀는 아무 저항도 하지 못한 채 복면강도가 시키는 대로 허겁지겁 돈을 자루에 담았다. 돈 자루를 들고 강도가 사라진 뒤에도 부들부들 떨리는 손을 주체하기 힘들었다.

그날 이후 그녀는 밖으로 돌아다닐 수조차 없었다. 직장도 그만둬야 했다. 극심한 광장공포증에 걸린 것이다. 낯선 거리나 사람들이 밀집한 장소에 가면 공포감은 더 커졌다.

그녀가 광장공포증에 걸린 뒤부터 남편은 부쩍 그녀를 바보 취급하며 무시했다. 원래 그다지 다정하지 않은 남편이었지만, 이제는 걸핏하면 버럭버럭 소리를 질러대고 폭력을 휘둘렀다.

하지만 그녀는 배운 것도 없고 가진 것도 없을 뿐더러 집안일 빼면 할 줄 아는 게 아무것도 없었다. 아이들을 데리고 무작정 집을 나가 봐야 뾰족한 수가 생길 리 만무했다. 지옥 같은 결혼생활이 27년째 접어들던 해, 급기야 남편은 실업자가 됐다.

30년 가까이 하늘처럼 섬겨 온 남편도 보잘것없이 망가질 수 있다는 사실에 그녀는 놀랐다. 그리고 결혼 후 처음으로 용기를 내어 말했다.

"우리 이혼해요."

그녀의 말이 끝나자 남편의 눈이 휘둥그레졌다. 자신이 무슨 말을 하는지 전혀 알아듣지 못하는 눈치였다. 남편의 부리부리한 눈을 보면 부들부들 떨기만 하던 그녀였지만, 그날은 달랐다. 용기를 냈다. 결국 그녀는 결혼 후 처음으로 자신의 의견을 말하고 실행에 옮길 수 있었다.

내 삶의 밑천은 단돈 200달러

큰 맘 먹고 저지른 이혼이었지만, 그녀의 지갑엔 단돈 200달러밖에 없었다. 이 돈이 새로운 삶의 밑천 전부였다. 45세의 평범한 주부가 겨우 200달러로 무엇을 할 수 있을까? 곰곰이 고민한 끝에 그녀는 30년 전 할머니로부터 전수받은 미국 남부지방의 전통요리를 만들어 팔기로 결심했다.

돈 안 들이고 집에서 만든 요리로 돈을 버는 수는 요리배달밖에 없었다. 두 아들도 기꺼이 돕겠다고 나섰다. 대상은 기업인이나 의사, 직장인이었다. 직장일이 바쁜 사람들은 대개 사무실에서 점심을 후딱 끝내고 싶어 한다. 이들에게 샌드위치를 만들어 팔면 적어도 입에 풀칠은 할 수 있을 것 같았다.

"샌드위치 사실래요?"

낯선 사무실을 노크하고 수줍게 안으로 들어선 그녀는 기어들어가는 소리로 입을 열었다. 한때 광장공포증까지 앓았던 그녀인지라 그 일은 여간 어려운 게 아니었다. 하지만 그녀에게는 보살펴야 할 두 아들이 있었다. 잡상인 취급당하는 모욕감도 눈을 한번 질끈 감고 나니 아무것도 아니었다.

처음에 샌드위치는 하루에 5,60개 가까이 팔렸다. 하지만 입 소문이 퍼지면서 순식간에 하루 200개로 늘어났다. 고객들은 그녀에게 '봉지 아줌마 Bag Lady'라는 별명을 선사했다. 종이봉지에 샌드위치를 넣어 파는 아줌마라는 의미였다.

그녀는 새벽 2시면 득달같이 일어나 치킨 샐러드에 들어갈 닭 가슴살을 석쇠에 구웠다. 바비큐가 메뉴인 금요일엔 닭 엉덩이 살을 손질하기 위해 한 시간 더 일찍 일어나야 했다. 두꺼운 닭 엉덩이 살을 구우려면 밤을 꼬박 새워야 했기 때문이다.

집 안은 온통 닭고기 굽는 냄새로 진동했다. 부엌과 식당이 온통 음식으로 넘쳐났다. 어떨 땐 거실과 베란다에까지 음식이 줄줄이 늘어서곤 했다. 집에서 음식을 만들어 팔려니 어쩔 수 없는 노릇이었다.

이모가 없었으면 어떻게 됐을까?

온몸이 축 늘어질 만큼 힘들었지만, 그녀에게는 든든한 지원군이 한 명 있었다. 바로 그녀의 이모였다. 지치고 힘들어 세상을 포기하고 싶을 때, 털썩 주저앉아 그저 가만히 있고 싶을 때, 이모는 그녀에게 끊임없이 용기를 줬고 힘을 실어 주었다.

이모 덕분에 아슬아슬한 고비를 넘겼던 적도 한두 번이 아니었다. 하루는 밤새 닭 가슴살을 구워 베란다에 늘어놓고 깜빡 잠이 들고 말았다. 아무리 눈을 뜨려 해도 눈꺼풀이 자꾸만 스르륵 내려갔다. 한참 잠에 빠졌던 그녀는 천둥소리에 놀라 눈을 떴다. 밖에는 굵은 장대비가 쏟아지고 있었다.

"아이쿠, 내 닭고기!"

베란다에 늘어놓은 닭고기는 죄다 빗물에 흠뻑 젖어버렸다. 버릴 수밖에 없었다. 시계를 보니 새벽 4시였다. 온몸에 힘이 빠졌다. 혼자서는 도저히 닭고기를 다시 구워 낼 수 없었다. 그녀는 이모에게 전화를 걸어 도움을 요청했다. 네 시간이나 걸리는 곳에 살고 있던 이모는 아침 8시에 도착했다. 그들은 숨 돌릴 틈도 없이 닭고기를 구웠다. 이미 확보한 고객들에게 샌드위치를 배달하지 못하면 그동안 쌓아 놓은 신뢰가 무너지고 만다. 신뢰를 쌓기는 어렵지만 허물어지는 건 순식간 아니던가?

고생길에 접어든 지 2년 만인 1990년, 그녀는 집 부엌을 벗어나 호텔 내의 한 작은 레스토랑으로 일터를 옮길 수 있었다. 최대 42명의 손님이 앉을 수 있는 자그마한 레스토랑이었다. 그녀는 레스토랑 이름을 '여인과 아들들 The Lady & Sons'이라고 지었다. 자신과 두 아들을 가리키는 이름이었다. 이곳에서도 장사가 잘 되자 1995년엔 시내에 더 큰 레스토랑을 열 수 있었다.

오프라 윈프리 쇼에까지 출연했답니다!
그녀의 음식점이 유명해진 것은 그야말로 우연이었다. 미국 굴지의 출판사 랜덤하우스의 편집장이 점심을 먹으러 그녀의 음식점에 들른 게 바로 그것이었다. 식사하고 나가던 그는 카운터 옆에 놓여 있는 책을 발견했다.

"사장님이 직접 쓰신 책인가요?"

"네, 제 요리법을 궁금해 하는 손님들이 많아서요. 손님들께 나눠 주려고 쓴 거예요."

그는 그녀의 책을 정식으로 출판하겠다고 말했다. 책이 출간되자 레스토랑 '여인과 아들들'은 순식간에 유명해졌고, 신문과 TV 인터뷰가 잇달았다. 이제 그녀의 레스토랑은 늘 손님들로 바글거렸고, 문밖에 줄을 선 손님들로 장사진을 이루는 날이 많아졌다.

2002년 6월, 그녀는 두 아들과 함께 미국 최고 인기 TV 프로 중 하나인

『오프라 윈프리 쇼』에 출연했다. 그녀는 아이들을 키우고 남편을 뒷바라지하는 데 삶의 대부분을 바쳐 온 나이든 주부들을 위해 이렇게 말했다.

"늦었다고 생각할 때가 가장 빨라요. 절대 늦었다고 생각하지 마십시오. 오늘이 바로 당신의 남은 인생의 첫날입니다. 제 운명을 스스로 책임지기로 결심한 이래, 하느님은 단 하루도 빼지 않고 제게 축복을 내려 주셨어요. 하느님은 스스로 돕는 자를 돕습니다."

그녀의 말을 진부하다고 비웃을 사람이 혹시 있을는지? 그렇다면 당신에게 성공은 아직 멀리 있다. 고생 끝에 성공한 그녀가 던진 이 값진 한마디를 잊지 않는 게 바로 성공의 지름길이다.

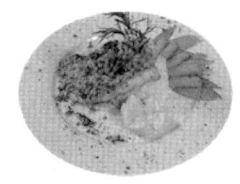

▍폴라 딘의 성공 포인트 3가지

1. 45세란 늦은 나이에 가족의 생계를 책임질 수박에 없는 불운을 맞았지만, 포기하지 않고 자신이 잘할 수 있는 일을 찾았다.
2. 목표를 정한 뒤 아무리 힘들어도 최선을 다했다.
3. 가족들과 즐겁게 사업을 꾸려 나갔다.

●

가장 잘할 수 있는 일에 정열을 쏟으면, 누구든 성공할 확률이 높아진다. 하지만 살면서 부딪히는 수많은 일 가운데 하나를 선택해 제대로 미치기는 어렵다. 집안일에 남편 내조, 아이들 뒷바라지까지 전담하고 있는 주부들의 경우는 특히 더 그렇다. 당신은 지금 '미칠 만큼' 좋아하는 일이 있는가? 그렇다면 용기를 내 보라. 무쇠도 녹일 만한 열정으로 백만장자가 된 다섯 명의 주부들처럼 당신도 머지않아 부자가 될 것이다.

무 쇠 도 녹 이 는 열 정 으 로 부 자 된 주 부 들

남들이 뭐라 해도
한 가지 일에만 전념했어요!

나는야 쇠를 자르는 백만장자 무쇠주부! | 캐롤린 미네리히

살 빼려고 시작한 운동으로 세계 최대 헬스클럽 세웠어요 | 제니 크래이그

집 청소만 완벽하게 했는데도 억만장자 사장이 되더군요 | 도로시 화이트

화장품 판매원으로 130억 원 벌었어요! | 알린 레나즈

내 어머니 돌보듯 다른 노인들 간병했더니 사업이 뜨네요 | 데보라 존스턴

나는야 쇠를 자르는 백만장자 무쇠주부!
Carolyn Minerich

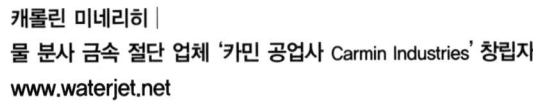

캐롤린 미네리히 |
물 분사 금속 절단 업체 '카민 공업사 Carmin Industries' 창립자
www.waterjet.net

어렸을 적 캐롤린 미네리히의 꿈은 용감무쌍한 FBI가 되는 것이었다. 이처럼 터프한 일을 좋아했던 그녀는 결혼 후 공업사를 차리고 금속 절단 사업에 뛰어들었다. 남성들의 세계에 도전해 설움도 많이 받았지만, 월트디즈니와 미국 항공우주국 등의 일을 성공적으로 마치며 유명해졌다. 카민 공업사는 1997년 창사 이후 매출액이 350%나 증가했다. 그리고 캐롤린은 2002년 미국 중소기업청이 선정한 '앨라배마주 모범 중소기업인'에 올랐다.

여자애가 FBI가 되겠다고?

그녀는 넉넉지 못한 가정에서 태어났지만, 어릴 때부터 늠름하고 담이 컸다. 한번은 같은 동네에 살던 골목대장 사내아이가 옷에 코딱지를 붙이고 달아나자, 끝까지 쫓아가 흠씬 두들겨 팬 적도 있었다.

중학교 때엔 장래 희망을 묻는 선생님의 질문에 이렇게 단호하게 대답했다.

"FBI가 되고 싶어요. TV에서 봤는데, 여자 수사관이 나쁜 놈들을 잡아 가두는 장면이 멋있었거든요."

순간 선생님은 깜짝 놀랐다. 얘기를 전해 들은 부모는 걱정이 태산이었다. 돈도 없고 힘써 줄 친척도 없는 상황에서 연방수사국에 들어갈 방법이 전혀 없었기 때문이다. 하지만 그녀는 태평했다. 해병대에 입대하면 장학금을 받으며 공짜로 대학에 다닐 수 있을 뿐더러 FBI가 될 가능성도 높다는 얘기를 들었기 때문이다.

그녀는 고등학교를 졸업하자마자 해병대에 자원입대했다. 말로만 듣던 지옥 훈련을 견디고 나니 예상보다 편하게 생활할 수 있었다. 해병대에 계속 남아 있어야겠다고 결심했다.

하지만 해병대 생활은 의외로 빨리 끝났다. 군에서 남편을 만났기 때문이다. 그들은 결혼하자마자 군 생활을 청산하기로 했다. 서로 떨어져 지내야 하는 시간이 너무 많았기 때문이다.

그녀는 전역 후 아이 둘을 낳았다. 그리고 10년 동안 아이들을 키우며 평범한 주부로 살았다.

강철 자르는 일을 시작해 볼까?

아이들이 자라자 그녀는 이제 일이 하고 싶어졌다. 해병대에 있을 때 대학에서 저널리즘을 공부했지만, 신문사에서는 그녀를 채용하려 들지 않았다. 그렇다고 패스트푸드 전문점에서 일하고 싶지는 않았다. 이때 남편이 권한 직업이 바로 '철강 자르는 일'이었다. 그녀는 바로 도서관에 갔다. 남편이 알려 준 '워터젯waterjet 절단 기술'이 궁금해졌기 때문이다.

책을 뒤져 보니 워터젯은 초고속으로 물을 분사해 강철이나 스테인리스강, 화강암, 대리석, 유리, 세라믹 등을 정밀하게 자르는 신기술이었다. 3만 킬로그램이나 되는 엄청난 압력의 물줄기를 16분의 1인치의 작은 구멍을 통해 분사하면 어떤 물질이든 잘려 나간다는 것이었다. 또한 공작물에 열을 가하는 기존의 레이저 절단 방식과는 달리 공작물이 손상될 염려도 없고, 환경오염을 걱정할 필요도 없는 무공해 최첨단 기술이라고 했다. 그녀는 자신에게 딱 맞는 일이라고 생각했다.

하지만 문제는 그녀가 산업기술에 대해 무지하다는 점이었다. 경험이나 자본도 없었고, 기술에 대한 수요가 있을지도 의문이었다. 그녀는 미지의 영역에 적극적으로 뛰어들라던 해병대의 가르침을 되살려 중소기업 개발센터에 조언을 요청했다. 적은 자본으로 창업을 꿈꾸는 이들을 지원해 주는 이 기관은 적극적으로 추진해 보라며 격려를 아끼지 않았다. 그리고 1996년 그녀는 드디어 카민 공업사라는 물 분사 금속 절단 회사를 세울 수 있었다.

이름만 회사였지 사장도 직원도 혼자였다. 기계를 돌려 물건을 자르고, 트럭에 물건을 실어 나르는 일까지 모두 혼자 처리해야 했다. 그녀가 처음 맡았던 일은 호놀룰루의 하와이 컨벤션 센터 정문을 만드는 데 사용될 스테인리스 강철판을 잘라 내는 것이었다. 힘든 일이었지만 그녀는 거뜬히 해냈다.

이렇게 실적이 생기자 에스테 라우더, 니만 마커스, 유니버설 스튜디오, 스미소니언 박물관, 공군 등에서 주문이 들어왔다. 그리고 패트리어트 요격 미사일 체제와 아브람스 탱크 부품 제작에까지 참여하게 됐다. 누구든 그녀가 물 분사 장치로 큰 쇳덩어리를 고기 썰듯 잘라 내는 걸 보면 혀를 내두르며 감탄했다.

어느 날 그녀는 플로리다에 있는 월트디즈니의 놀이공원에 금속 캐릭터를 세운다는 소식을 우연히 들었다. 신기술을 소개하는 팸플릿을 서둘러 보내 놓고 답신을 기다렸다. 아무리 기다려도 전화가 오지 않았다. 그녀는 무조건 디즈니 월드를 찾아갔다. 회사 담당자들이 나타나자 다짜고짜 물 분사 절단기를 집어 들고 쇠를 잘라 냈다. 담당자들이 혼비백산한 것은 물론이다. 결국 그녀는 놀이공원 일을 맡을 수 있었다. 지금도 디즈니 월드에 가면 그녀가 작업한 공룡과 미키마우스 등의 금속 캐릭터들이 이곳저곳에 서 있는 것을 볼 수 있다.

미국 정부가 인정하는 중소기업 사장으로

디즈니 월드에서 맡았던 일이 성공적으로 끝나자, 이번엔 미국 항공우주국에서 관심을 나타냈다. NASA의 일을 수주한다는 것은 곧 기술력을 인정받는 것이지만, 조건이 몹시 까다로웠다. 회사 건물도 규격에 맞춰야 했고, 직원들에 대한 훈련이나 회사 재무구조 등의 모든 것을 극도로 꼼꼼하게 감수 받아야 했다.

그녀가 항공우주국의 일을 하겠다고 하자, 직원 열다섯 명 중 일곱 명이 사표를 냈다. 항공우주국이 얼마나 가혹하고 까다로운지 이미 알고 있었기 때문이다. 직원들의 반응에 놀랐지만, 그녀는 그 상황을 도전으로 받아들였다. 직원들을 새로 뽑아 강도 높은 훈련을 시켰다.

그 결과 카민 공업사의 기술자들은 최고로 거듭났다. 오차 범위를 5천

분의 1인치 이하로 줄여 한마디로 완벽에 가까운 정밀도를 자랑할 수 있게 된 것이다. 결국 카민 공업사는 우주 및 국방 장비를 용접하고, 금속 부품을 구부리거나 레이저로 자르고 용접하는 일에 있어 독보적인 존재가 되었다.

최근 들어 그녀는 어린이들에게 신기술을 소개하는 데도 열심이다. 어린이들이 새로운 기술을 배우는 데 재미를 붙여야 미래의 기술자들이 탄생할 수 있기 때문이다.

그녀가 **빠른** 시간 안에 미국에서 주목받는 업체를 만들 수 있었던 것은 일단 목표가 세워지면 열심히 일하는 적극적인 성격 덕분이었다. 그녀는 매일 새벽 여섯 시면 공장에 도착해 직원들에게 쿠키를 나눠 준다. 하루 종일 기계를 움직이고 트럭에 물건을 싣고 내리다 보면 몹시 허기가 진다는 걸 알고 있기 때문이다. 또한 제품의 질과 고객 서비스는 엄격하고 철저하게 관리하되, 직원들이 신이 나서 일할 수 있는 분위기를 만들어 줄 수 있도록 늘 노력하고 있다. 이것이 바로 그녀가 성장할 수 있었던 원동력이다.

Tip 돈 없으면 군대 가라?

캐롤린 부부는 해병대에 입대해 대학 교육의 혜택을 누렸다. 미군 당국은 아주 매력적인 혜택을 제시함으로써 군 입대를 유도하는 것으로 유명하다. 군에만 들어가면 대학도 공짜로 다닐 수 있다는 건 이미 잘 알려진 사실이다.

몽고메리 미군 법안에 따르면, 현역군인이나 퇴역군인이 대학에 들어가면 학비, 책값, 생활비 조로 35,000달러를 챙길 수 있다. 어디 그뿐인가? 육해공군 모두 대학 재학 중 군인이 빚을 지면 최고 65,000달러까지 탕감해 준다. 대학은 가고 싶은데 돈이 없어 못 간다? 미국인들은 이럴 때 군에 뛰어든다. 믿거나 말거나.

▌캐롤린 미네리히의 성공 포인트 3가지

1. 승산이 있다고 생각되는 일을 적극적으로 추진해 결국 성과를 얻어 냈다.
2. 최고의 기술을 익히기 위해 어떤 희생도 감수했다.
3. 자신뿐 아니라 직원이나 어린이들까지 생각하는 여유가 있었다.

살 빼려고 시작한 운동으로
세계 최대 헬스클럽 세웠어요
J e n n y C r a i g

제니 크래이그 |
미국, 호주, 캐나다 최대 헬스클럽 체인 창립자
www.jennycraig.com

미국의 작은 도시에서 태어난 제니 크래이그는 가정 형편이 어려워 대학에도 진학하지 못했다. 그럼에도 50세라는 늦은 나이에 시작한 헬스센터 '제니 크래이그'를 미국, 캐나다, 호주, 뉴질랜드, 푸에르토리코, 괌 등에 800여 개의 체인점을 거느린 초대형 헬스센터로 성장시켰다. 현재 '제니 크래이그'는 직원만 3,500명에 달하며, 연간 매출액은 수천만 달러에 이른다. 지금 바로 이 순간에도 전 세계 9만여 명이 '제니 크래이그' 헬스센터에서 땀을 흘리며 운동하고 있다.

살 빼려고 등록한 헬스클럽에서 덜컥 매니저가 됐어요!

그녀가 자란 곳은 미국의 어느 시골 마을이다. 그곳 사람들의 특징 가운데 하나는 거의 모든 요리에 버터와 동물 지방을 넣는다는 것이었다. 그녀의 어머니 역시 모든 요리에 버터를 듬뿍 얹었다. 어릴 적부터 그녀의 눈에는 온통 뚱뚱한 사람들 투성이었다. 과다한 지방 섭취 탓에 그녀의 외삼촌과 이모 아홉 명 중 여덟 명이 50세를 넘기지 못하고 사망했고, 그녀의 어머니 역시 49세의 젊은 나이에 뇌졸중으로 세상을 떠났다.

임신하기 전까지만 해도 그녀는 비교적 날씬한 편이었다. 그러나 이제는 거울에 비친 자신의 모습을 보고 있노라면, 일찍 세상을 뜬 가족들의 모습이 떠오르면서 더럭 겁이 났다. 키 163센티미터에 체중 75킬로그램! 둘째 아이를 임신했을 때 찐 살이 영 빠지지 않았다. 고민 끝에 그녀는 의사를 찾아갔다.

"적은 양으로 나눠 자주 드세요. 한꺼번에 포식하는 게 제일 나빠요."

"선생님, 제 어머니도 그랬었답니다. 아이 여섯을 낳고 나서 체중이 영 줄지 않았었지요."

"유전적인 요인도 있지만, 음식 관리만 잘하면 충분히 비만을 막을 수 있어요."

어머니가 그녀에게 남겨 준 가장 큰 재산은 자신감이었다. 그녀는 살을 빼기 위해 동네 헬스클럽에 등록했다. 헬스클럽에 가 보니 살찐 사람들은 대개 고개를 숙이고 다녔다. 반면 체중 감량에 성공한 사람들은 자신감에 넘쳤다.

그녀는 체격에 비해 무척 뚱뚱한 편이었지만, 남들을 의식하지 않고 열심히 땀을 흘렸다. 그리고 체중 감량에 성공한 사람들을 주의 깊게 지켜봤다. 그들은 매일 정해진 시간에 옷이 흠뻑 젖을 정도로 열심히 뛰었다.

그녀는 그들이 쉬고 있을 때 스스럼없이 다가가 이것저것 물어봤다. 또한 틈만 나면 도서관에 가서 음식과 체중의 연관성에 대해서 조사했다.

건강 서적을 뒤지면 뒤질수록 어떤 음식을 먹느냐가 건강과 체중 관리에 관건이라는 사실을 더욱 절실히 깨닫게 됐다. 그녀는 힘들여 터득한 정보들을 헬스클럽에 나온 사람들에게 들려주곤 했다. 사람들은 활달하고 적극적인 그녀를 좋아했다. 몇 달 동안 이런 모습을 지켜본 헬스클럽 주인은 그녀에게 매니저를 맡아 달라고 제안했다. 경력이 문제가 아니었다. 지금까지처럼 그녀가 알고 있는 각종 정보들을 손님들에게 설명만 해 주면 된다는 것이었다. 이렇게 헬스클럽과 그녀의 인연이 시작됐다.

헬스클럽에서 남편을 만나 결혼했어요

몇 년 뒤 그녀는 헬스클럽 매니저 경험을 살려 자그마한 헬스클럽을 개업했다. 그녀의 활달한 성격과 적극성 덕에 문을 연 지 얼마 안 됐는데도 손님들이 밀려들었다. 그녀는 본격적인 사업에 나설 생각으로 헬스클럽을 매각했다. 그녀가 원한 것은 이름 있고 규모가 큰 헬스클럽의 체인점을 운영하는 것이었다.

그녀는 '보디 콘투어Body Contour' 라는 대형 헬스클럽 체인점의 영업권을 따냈다. 그동안 쌓아 온 노하우 덕에 헬스클럽은 빠른 속도로 성장 가도를 달리기 시작했고, 몇 년 뒤 그녀는 미국 남부지역 전체를 총괄하는 책임자로 임명됐다.

사장은 그녀의 적극적이고 활달한 성격을 좋아했다. 두 사람은 사업 때문에 만났지만, 어느새 절친한 친구가 됐고 급기야 연인으로 발전했다. 두 사람 다 이혼한 상태였던 터라 자연스럽게 결혼으로 이어졌다.

부부는 서로 사랑했고, 사업에서도 잘 맞는 파트너였다. 남편은 짧은 기간에 미국 전역에 200여 개의 체인점을 구축할 만큼 사업 감각이 뛰어난 전략가였고, 그녀는 고객들을 설득시키고 끌어들이는 데 남다른 재주가 있었다.

이들은 1982년 보디 콘투어를 다른 헬스클럽 업체에 팔았다. 매각 조건 중에는 앞으로 2년 안에는 미국에서 서로 경쟁하지 않겠다는 내용이 들어 있었다. 주변 사람들은 이 부부가 돈도 제법 벌어 놓았으니 편안하게 노후를 보내려니 생각했다.

하지만 그들은 돌연 호주로 건너가 헬스클럽을 차리겠다고 선언했다. 지금까지 벌어 놓은 돈을 몽땅 투자하겠다는 것이었다. 그때까지 두 사람은 단 한 번도 호주에 가 본 적이 없었다. 낯선 이국땅에 건너가 사업을 시작한다는 말을 듣고 친구들은 모두 말렸다. 하지만 그녀에겐 뚜렷한 목표가 있었다. 마치 어렸을 때의 고향 마을 사람들처럼 당시 호주 사람들 역시 지나친 지방 섭취로 뚱뚱한 사람이 많았던 것이다.

"나이 50에 외국에 건너가 사업을 시작하는 게 어때서? 딱 좋은 나이지. 인생의 절반을 새롭게 시작할 수 있거든."

친구들에게 단호히 대답한 후 그녀와 남편은 호주로 건너갔다.

새로운 사업을 시작하는 데 '나이'가 무슨 상관?

부부는 시드니와 멜버른에 '제니 크레이그'란 이름의 헬스센터 열두 개를 세웠다. 1년 후 헬스센터는 쉰 개로 불어났다. 그녀는 호주인 영양사를 고용해 호주 사람들에게 맞는 다이어트 식품도 개발해 냈다.

운동과 다이어트 식사를 병행해 살을 빼려는 사람들이 늘면서 사업은 갈수록 번창했다. 다이어트 냉동식품은 이제 '제니 크레이그'사의 주 수입원이 되었다.

그녀는 쉰이라는 나이에 새로운 사업을 시작했다는 게 대단하다고 칭송하는 사람들을 종종 만나곤 한다. 하지만 정작 그녀는 사람들이 왜 자꾸 나이를 따지는지 이해가 가지 않는다. 그녀는 나이가 걸림돌이 될 수 있다고 단 한 번도 생각해 본 적이 없다. 중요한 건 생리학적 나이가 아니라 스스로 얼마나 젊게 느끼며 사느냐였다. 나이가 많이 들었다고 해서 새로운 일을 시작하지 못할 이유가 없다고 그녀는 철석같이 믿었다. 실제로 그녀는 30대일 때나 50대일 때나 별 차이를 느끼지 못했다고 말한다.

1985년 '제니 크레이그'사는 연간 매출액이 무려 5천만 달러에 달하는 거대 헬스클럽으로 성장했다. 부부는 이제 수백억 원대의 재산가가 됐다. 부부는 호주에서 번 돈을 모두 갖고 다시 미국으로 돌아왔다. 52세의 나이에 미국에서 다시 사업을 시작하기 위해서였다.

부부는 미국 헬스산업의 메카인 로스앤젤레스에 헬스센터 열두 곳을 차렸다. 이미 그곳에는 무려 열한 개나 되는 업체들이 난립해 있었으며, 손님들을 끌기 위해 다들 TV 광고에 매달리고 있었다. 그녀는 광고가 아닌 다이어트 식품으로 승부수를 던졌다. 예상은 맞아 떨어졌다. 사람들은 '제니 크레이그'의 냉동식품에 관심을 갖기 시작했다. 다이어트 식품을 사 간 사람들은 헬스클럽에도 자연스레 등록했다. 그녀는 경쟁사들을 멀찌감치 따돌릴 수 있었다.

2002년 5월, 그녀는 '제니 크레이그'를 ACI 캐피탈이라는 투자회사에 매각했다. 하지만 회사 이름은 지금도 여전히 '제니 크레이그'이며, 주식의 20%도 제니 부부가 소유하고 있다. 그리고 1년 동안 팔리는 '제니 크레이그'의 다이어트 식품은 무려 8천만 개가 넘는다.

"체중 감량이든, 생활 습관이든, 새로운 사업이든, 때가 늦었다는 말은 하지 마세요. 저를 보세요. 대학도 못 간 시골 여자가 나이 50세에 생전가 보지도 못한 외국 땅에서 성공했잖아요? 배운 것도 없는 여자가 연간 매출액 3억5천만 달러의 대기업을 세웠습니다. 여러분은 더 많은 걸 이룩할 수 있어요."

그녀는 젊은 주부들에게 지금도 이런 충고를 아끼지 않고 있다.

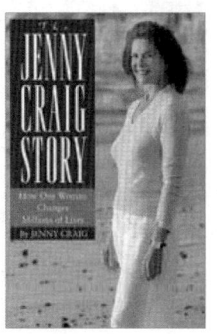

▎제니 크레이그의 성공 포인트 3가지

1. 자신에게 가장 콤플렉스가 될 수 있는 상황을 극복했다.
2. 늙은 나이에도 새롭게 시작기를 두려워하지 않았다
3. 늘 긍정적인 자세로 살기 위해 노력했다.

집 청소만 완벽하게 했는데도
억만장자 사장이 되더군요

Dorothy J. White

도로시 화이트 |
매출액 100억 달러대의 거대 청소업체 창업

남편의 병으로 생계를 떠맡게 된 도로시 화이트는 청소업체 '미라클'을 시작했다. 남들보다 부지런히 일한 덕에 이내 입소문이 났고, 미국 주 정부는 물론 연방 정부 기관에서까지 청소를 해 달라는 주문이 쏟아졌다.
이제 도로시는 종업원 800명을 거느린 대형 청소업체의 사장이며 연간 매출액이 천만 달러를 넘는다. 하지만 그녀는 지금도 현장을 찾아다니며 보통 직원들과 똑같이 팔을 걷어붙이고 청소를 하고 있다.

남편의 심장질환으로 시작한 청소업

결혼생활은 행복했다. 부유한 살림은 아니었지만, 자신을 아끼는 남편과 아이들이 있어 더 바랄 게 없었다. 남편은 타자기 제조업체에서 세일즈 매니저로 일하고 있었다. 늘 영업을 담당하느라 스트레스가 많았고, 과체중이었다. 결국 그는 심장혈관 이식 수술을 받아야 했다. 더 이상 직장생활도 할 수 없게 되었다.

하루아침에 집안을 책임져야 할 신세가 됐지만, 그녀는 좌절하지 않았다. 오히려 남편과 함께 어떤 일을 할 수 있는지 생각해 보는 게 재미있었다. 남편은 그녀에게 청소업체를 차리라고 권했다.

하지만 그녀는 창업에 필요한 정보를 하나도 몰랐다. 하지만 남편은 회계사 친구에게 연락해 회사를 경영하는 데 필요한 서류를 모두 챙기게 했고, 그녀에겐 회사 이름을 정해 보라고 말했다. 한참 고민하던 끝에 그녀의 머릿속에 떠오른 생각 하나, 바로 '미라클 서비스'였다.

미라클이란 말은 그녀 스스로 생각해 낸 말은 아니었다. 며칠 전 청소를 하고 있는데, 딸의 친구로부터 전화가 걸려 왔다. 무슨 소리가 그렇게 요란하냐고 친구가 물은 모양인지 딸이 이렇게 대답했다.

"지금 미라클 레이디가 청소하는 중이거든."

그녀는 '미라클 레이디'란 말이 마음에 쏙 들었다. '기적을 가져다주는 숙녀'라니 얼마나 듣기 좋은지……. 그리고 회사 이름에도 미라클이란 말을 붙였다. 기적을 가져다주는 청소 서비스 회사, 기적처럼 집 안을 말끔하게 청소해 주는 업체, 얼마나 좋은 이름인가?

잃어버렸던 보석 반지까지 찾아 주네요?

그녀는 처음 남의 집을 청소했던 날을 잊을 수 없다. 전날 미리 그 집을 찾아가 어떻게 청소해야 할지 봐 뒀지만, 경험이 없다 보니 아무래도 오래 걸릴 것 같았다. 그녀는 주인에게 새벽 5시부터 청소를 시작하겠다고 말했다. 아이들이 깰까 봐 걱정하는 주인에게는 조용히 청소하겠다고 다짐을 주었다.

다음날 그녀는 빈 방부터 청소를 시작했다. 이른 새벽인데도 집주인 부부는 별말 없이 아침식사를 마친 뒤 출근했다. 방 청소가 끝난 뒤 이번엔 소파를 밀어냈다. 보이지 않는 곳까지 깨끗하게 닦아 내기 위해서였다.

"어, 이게 뭐야? 사파이어 반지가 소파 밑에?"

집주인 부부는 단 한 번도 소파 밑을 들춰 보지 않았던 것 같았다. 새카맣게 낀 소파 밑 먼지 속에 반지가 떨어져 있었다. 어떻게 된 것인지 오븐 밑을 치우다 보니 이번엔 여성용 고급 손목시계가 나왔다. 반지와 시계를 따로 챙겨 둔 채, 그녀는 다시 청소에 몰두했다. 열심히 쓸고 털고 닦고 문질렀다.

저녁때쯤 귀가한 주인집 여자는 집 안을 보고 깜짝 놀랐다. 맞벌이에 바쁜 여자는 그동안 많은 업체들에 청소를 맡겨 봤지만, 그녀처럼 완벽하게 청소를 해낸 사람은 없었다며 감탄했다. 보이는 곳만 반짝반짝 닦아 놓을 뿐, 소파나 오븐 아래까지 들춰내 가며 청소한 적은 없었던 것이다. 게다가 잃어버린 반지와 시계까지 찾아 놨으니……

"아줌마, 얼마를 드려야 하죠? 청소를 깨끗하게 해 놓으셔서 너무 고마워요."

주인집 여자의 질문에 그녀는 머뭇거렸다. 처음 해 본 일이라 일당이 얼마인지 도대체 알 수 없었다. 고민하던 그녀는 20달러만 달라고 대답했다. 여자의 눈이 커졌다.

"이렇게 말끔하게 해 놓고 겨우 20달러를? 안 되겠네. 내가 옆집 친구를 불러서 얼마나 드려야 하는지 알아봐야겠어요."

여자는 전화를 걸어 친구를 불렀다. 집을 둘러본 친구는 깜짝 놀라 외쳤다.

"이건 깨끗한 정도가 아냐. 아예 집을 새로 지은 것 같아. 난 45달러씩 주고 청소를 시켰는데, 20달러라고? 내일 우리 집에도 와 주실 수 있으세요? 50달러 드릴 테니."

주인집 여자는 그녀에게 45달러를 지불했다. 게다가 다음날엔 여자의 친구 집에서 그녀를 불렀다. 사실 그녀는 40달러면 만족했다. 그 정도면 오랜만에 식구들에게 맛있는 스테이크를 해 줄 수 있겠다 싶었다.

이젠 잘 나가는 청소업체라고요!

정말 입 소문처럼 빠른 게 없었다. 그녀의 청소 솜씨에 놀란 주부들은 다른 주부들을 만날 적마다 침이 마르도록 칭찬을 늘어놨다. 이 소문은 부동산 업자들 귀에도 흘러 들어갔다. 그들은 그녀에게 일을 맡기고 싶어 했다. 일단 내놓은 집들은 깨끗하게 청소해야 더 빨리 팔려 나가기 때문이었다. 그녀에게 청소를 맡기면 언제나 기대 이상으로 일한다는 사실을 알게 되자, 모두 그녀를 찾게 됐다.

점점 일거리가 늘어나자, 회사를 차린 후 처음으로 그녀는 신문에 구인광고를 냈다. 지원자들의 인상과 경력만 보고 정직해 보이는 사람 세 명을 가려냈다. 남의 집에 들어가 청소하는 사람은 무엇보다 정직해야 한다. 남의 물건에 손을 댔다간 회사의 신뢰가 허물어지고 말기 때문이다. 이때부터 그녀는 직원 세 명을 데리고 동네 이곳저곳을 다니며 본격적인 청소 사업을 시작했다.

네 명이 한 조가 돼 함께 돌아다니며 청소를 하니, 집 한 채를 치우는 데 한 시간이면 충분했다. 청소해 달라는 사람들이 늘어나자 직원을 더 채용했다. 그녀는 자신과 함께 일했던 사람들 가운데 가장 믿을 만한 직원을 골라 팀장으로 임명했다. 팀장에게는 두세 명을 더 붙여 독자적인 팀을 만들어 줬다. 팀의 숫자는 자꾸 늘어났다. 그녀는 아무리 팀이 늘어나도 자신이 일일이 청소 현장을 쫓아다녔다. 자신이 정해 놓은 엄격한 기준대로 말끔하게 청소가 되는지 확인하기 위해서였다.

내 무기는 타고난 성실함

그런데 도로시의 남다른 근면함은 어디서 나온 것일까? 도로시는 조지아 주 남부의 가난한 농가에서 태어났다. 도로시를 비롯한 육남매는 방과 후와 토요일, 그리고 방학 때마다 목화를 따는 게 일이었다. 그 지역 학교들은 방학조차 일부러 목화 따는 시기에 맞춰 시작했다. 뙤약볕 아래서 하루 종일 목화를 따는 게 아이들로서는 무척 힘든 일이었지만, 그녀는 불평 한마디 하지 않았다.

도로시는 플라스틱 장난감이라곤 만져 본 적이 없었다. 그녀는 장난감도 스스로 만들어서 가지고 놀았으며, 크리스마스 때조차 장난감 대신에 사과와 오렌지를 선물로 받았다. 아직도 생존해 있는 그녀의 어머니는 지금도 이렇게 말한다.

"도로시, 넌 참 착했지. 그렇게 살면서도 불평 한번 안 했으니까."

"엄마, 그땐 모두가 다 그렇게 사는 줄 알았으니까 그렇죠."

이처럼 타고난 성실함 때문일까? 그녀를 직접 만나 본 사람들은 늘 그녀의 말을 믿었다. 여느 청소업체 사장과는 다르다는 인상을 받았기 때문이다. 그녀의 얼굴엔 늘 성실함이 배어 있었다. 일을 잘한다는 소문이 번지면서 사무실 청소를 해 달라는 기업체들도 늘어났다. 사무실 청소는 집 청소에 비교하면 식은 죽 먹기였다. 어느새 그녀는 미국에서도 손꼽히는 대형 청소업체 사장이 돼 있었다. 하지만 지금도 그녀는 현장을 찾아다니며 직원들과 똑같이 팔을 걷어붙이고 청소를 한다.

▌도로시 화이트의 성공 포인트 3가지

1. 남편의 병 때문에 일을 시작했지만, 결코 불평하지 않았다.
2. 청소업체를 시작한 이후 보이지 않는 곳까지 완벽히게 청소했디.
3. 아무리 사업이 커져도 늘 완벽하게 청소하려고 노력했다.

화장품 판매원으로 130억 원 벌었어요!
A r l e n e   L e n a r z

알린 레나즈
'메리 케이 화장품 Mary Kay Cosmetics' 판매원

가족은 물론 주변 사람들 모두 말렸지만, 알린 레나즈는 화장품 판매원으로 취업해 열심히 일했다. 알린의 수입은 해마다 늘어나 1978년 처음으로 100만 달러를 넘었으며, 2003년에는 1,100만 달러를 돌파했다. 화장품을 팔아 번 돈이 무려 130억 원이 넘는다는 얘기다. 그녀는 수백억 원대의 갑부가 됐지만 아직도 일을 그만두지 않고 있다. 일에 대한 열정과 긍정적이고 낙관적인 자세도 변함이 없다. 그녀의 딸 역시 어머니의 뒤를 이어 화장품 판매원으로 일하고 있다.

좋은 일은 어느 날, 느닷없이 시작된다

그녀는 거실에서 TV 드라마를 시청하고 있었다. 평소 즐겨 보던 드라마였지만 그날따라 유독 지루하게 느껴졌다. 이제 그녀는 인생의 전환기가 됐다는 것을 깨달았다. 벌써 직장을 그만두고 전업주부가 된 지도 10년이 넘었다. 네 명의 아이들은 별 탈 없이 잘 커 줬다. 일을 하고 싶었다.

그때 전화벨이 울렸다. 메리 케이 화장품 회사의 판매원이었다. 무료로 화장을 해 줄 테니, 행사장으로 나오란 것이었다. 순간 망설여졌다. 화장을 한다고 특별한 일이 생길까, 싶어서였다. 하지만 딱히 할 일도 없어 친구들을 따라 나섰다.

판매원의 말대로 행사장에서는 참가자들에게 화장도 해 주고, 화장법도 가르쳐 줬다. 그녀는 그때까지 한 번도 제대로 된 피부 관리법을 배워 본 적이 없었다. 사실 그녀는 타고난 미인형 얼굴이었다. 맑은 피부에 파란 눈, 황금빛 머리를 가졌다. 하지만 아이들을 키우면서 늘어난 잔주름이 조금씩 신경 쓰이는 나이였다.

그녀는 화장품을 소개하는 판매원을 유심히 지켜보았다. 왠지 판매원이 부러웠다. 문득 '나도 저런 거나 해 볼까?' 하는 생각이 들었다. 강좌가 끝난 뒤 그녀는 일에 만족하는지 판매원에게 살짝 물었다. 판매원은 아주 만족한다고 대답했다. 실적이 좋은 경우 연간 수입이 100만 달러를 넘는다는 얘기도 들었다.

"관심 있으면 사무실로 한번 찾아오세요."

귀가 솔깃해지는 말을 남기고 판매원은 사라졌다. 며칠 동안 고민한 끝에 그녀는 큰맘 먹고 메리 케이 사무실에 찾아가기로 약속했다. 그리고 영업팀장과 상담한 뒤 판매원을 시작하기로 굳게 결심했다. 그녀는 좋은 일은 늘 이렇게 갑자기 시작되는 거라고 생각했다.

가족들의 반대를 무릅쓰고 시작한 화장품 판매원

그녀는 기대로 부풀어 올랐다. 전업주부 10년 만에 새 직업을 갖게 됐다는 것만으로도 기분이 좋았다. 하지만 계획을 전해 들은 친정어머니나 친구들은 펄쩍 뛰었다. 수줍음을 많이 타는 그녀가 화장품 외판을 시작한다는 자체가 말이 안 된다는 것이었다. 차라리 처녀 시절의 직업인 간호사로 복귀하는 게 낫다는 게 주변 사람들의 의견이었다.

'괜히 쓸데없는 짓을 했구나.'

그녀는 이내 후회하기 시작했다. 직업을 바꿀 땐 격려를 받아도 떨리기 마련인데, 주위의 반대에 부딪히자 자신감이 사라졌다. 그녀는 화장품 회사에 전화해서 없던 일로 하자고 말했다.

"앞으로 남은 인생도 계속 그렇게 살 건가요? 당신의 인생은 스스로 결정하는 게 아닌가요? 남들이 이렇게 말하면 이렇게, 저렇게 말하면 저렇게, 마치 뼈 없는 연체동물처럼 살 건가요?"

영업팀장은 따끔하게 질책했다. 순간 그녀는 얼굴이 빨갛게 달아올랐다. 맞는 말이었다. 새로운 걸 시도하겠다고 결심한 게 불과 몇 시간 전이 아니던가, 그런데 시작도 하지 않은 채 남들이 내던진 말 한마디에 주저앉다니……. 더 이상 주변 사람들의 반대 의견은 귀에 들어오지 않았다.

그녀는 월요일이 되자 당초 결심대로 화장품 회사 사무실로 찾아갔다. 모두 밝고 즐거운 표정들이었다. 다시 자신감이 생겼고, 가슴이 설레기 시작했다. 퇴근 후 그녀는 남편에게 오늘부터 화장품 판매를 하게 됐다고 말했다. 남편의 반응 역시 시들했다. 심심하니까 별일을 다 한다는 표정이었다. 하지만 굳이 말리지는 않았다. 남편의 월급만으로는 생활이 어려웠기 때문이다.

꿈의 연봉 천만 달러를 돌파하다!

며칠 뒤 판촉용 화장품들이 집으로 배달됐다. 그녀는 화장품을 짊어지고 열심히 팔았다. 방문한 집에서 무시를 받는 일이 있어도 반드시 성공할 것이라고 수도 없이 되뇌었다.

닳아빠진 일반 영업사원과 달리 수줍어하면서도 친근해 보이는 인상 덕인지 그녀에 대한 소비자들의 반응은 좋았다. 그렇게 몇 개월이 지나자 판매 실적이 꾸준히 올랐다. 처음엔 우습게 생각했던 남편도 주문 장부를 기록해 줄 정도로 아낌없이 도와주기 시작했다.

간혹 일이 잘 풀리지 않아 중도하차하는 동료들도 있었다. 하지만 그녀는 큰 문제가 생기면 인생의 도전으로 받아들였다. 당장 눈앞에 닥친 어려움을 어떻게 이겨 낼 것인지 생각하고 노력했다.

몇 년이 지나자 그녀의 수입은 남편보다 더 많아졌다. 처음엔 아이들의 대학 진학에 대비해 시작한 일이었지만, 기대 이상의 결실을 맺게 되었던 것이다. 이제 그녀는 천만 달러가 넘는 연봉을 받게 됐다. 하지만 그녀는 처음 시작할 당시의 마음을 잃지 않기 위해 늘 노력하고 있다. 지나친 욕심이 실패를 부른다는 걸 누구보다 잘 알고 있기 때문이다.

▎알린 레나즈의 성공 포인트 3가지

1. 좋아하는 일을 찾기 위해 적극 나섰다.
2. 주변 사람들의 반대에도 자신이 하고 싶은 일을 시작했다.
3. 아무리 힘들어도 '성공하겠다'는 자신감을 잃지 않았다.

내 어머니 돌보듯 다른 노인들 간병했더니 사업이 뜨네요

D e b o r a h   J o h n s t o n

데보라 존스턴 |
간병인 회사 '케어 어드밴티지 Care Advantage' 창업
www.careadvantage.org

데보라 존스턴이 간병 회사를 세운 것은 10년도 훨씬 전의 일이다. 그동안 직원은 2천 명 이상으로 불어났고, 미국 8개 도시에 지부를 세웠다. 데보라는 물질적인 성공이 아니라 도움을 절실히 필요로 하는 사람들에게 따뜻한 손길을 내밀 수 있다는 데 더욱 보람을 느끼고 있다. 또한 자신에게 이런 기회와 열정이 주어졌다는 것에 늘 감사하며 살아가고 있다. 철저한 직원 관리 덕에 그녀의 회사는 종합병원이나 의학연구소 등에서도 믿고 쓸 수 있는 업체로 정평이 나 있다.

어머니도 좋아하는 간병 사업

어느 날 그녀는 성형외과 의사로 큰 성공을 거둔 남편으로부터 난데없는 이혼 통보를 받았다. 남들처럼 아이를 낳아 기르며 행복하게 살려던 꿈은 그렇게 한순간에 날아갔다. 그나마 간호사란 직업을 그만두지 않았던 것이 다행이라면 다행이었다. 마음이 힘든 상태에서 일까지 없었다면, 정신적 고통에 경제적, 심리적 타격까지 더해져 고통이 더 심했을지도 모른다.

하지만 그녀는 뭔가 다른 일을 해야겠다고 생각했다. 고민을 거듭한 끝에 결국은 자신의 노하우를 살려 간병인 회사를 열기로 마음먹었다. 불안한 마음이 생길 때마다 그녀는 헬스클럽을 찾았다. 미친 듯이 운동을 하고 나면 비로소 마음이 가라앉았다.

그녀는 병원에 사직서를 낸 뒤 6개월 동안 시장 조사를 했다. 가장 좋은 시장 조사 방법은 다른 간병인 회사에서 실제로 일을 해 보는 것이었다. 회사가 어떻게 운영되는지, 사장이 직원을 어떻게 관리하는지, 개선할 점은 무엇인지 등을 관찰할 수 있기 때문이었다.

그녀가 처음 취직한 회사는 최소한 네 시간 이상 간병인을 써야 한다는 의무 조항이 있었다. 고객들의 입장에서는 필요에 따라 시간을 맞춘 맞춤형 서비스를 원하고 있겠다는 생각이 들었다. 그녀는 이런 생각을 실천에 옮겨 새로운 개념의 간병 회사를 차렸다.

내 사업의 신조는 고객들을 가족처럼 대하는 것

그녀는 사업을 시작하자마자 80대 자매가 사는 집을 찾았다. 할머니들은 자식들이 양로원에 들어가라고 권해도 한사코 말을 듣지 않았다. 자매가 서로 의지하며 지내는 게 양로원에 가는 것보다 더 좋았기 때문이다.

그녀가 파견된 이후에도 양로원에 보내려는 자식과 가지 않으려는 할머니들과의 대립은 계속됐다. 그녀는 자식들을 설득했다. 할머니들의 마지막 소원일지도 모르니 그냥 집에 계시도록 내버려 두라고 말했다. 할머니 자매는 결국 집에 남아 있기로 했다. 자식들이 떠난 뒤 할머니들은 그녀의 손을 쥐고 고맙다며 눈물을 글썽였다.

그녀는 할머니들에게 무엇이 필요한지 하나하나 세심하게 챙겼다. 비가 새는 지붕을 고쳤고, 때로는 시장을 봤으며, 할머니들을 모시고 병원 검진도 받았다. 그렇게 얼마간의 시간이 지난 뒤 자매 중 언니가 숨을 거뒀다. 2주 뒤엔 동생도 눈을 감았다. 이들의 죽음을 지켜보면서 노인들의 손발이 되어야겠다는 생각을 더욱 굳혔다.

한번은 목욕탕에서 전화가 걸려 온 적이 있었다. 팔순 할아버지가 목욕탕에서 미끄러져 넘어졌는데 일어나지 못하고 있다는 것이었다. 그녀는 부리나케 달려갔다. 할아버지는 연락할 자식도, 도와줄 친척도 없는 무의탁 노인이었다. 양로원에 모시고 가는 수밖에 없었다.

하지만 할아버지를 양로원에 모시려면 돈이 필요했다. 그녀는 할아버지의 물건을 모두 꺼내 앞마당에 늘어놓았다. 이웃들의 따스한 도움으로 물건은 모두 팔렸다. 그녀는 그 수익으로 할아버지가 양로원 생활을 하는 데 필요한 물건들을 샀다. 남은 돈은 저축해 통장으로 드렸다.

이렇게 노인들을 지극 정성으로 간병한다는 소문이 퍼지면서 회사엔 문의 전화가 쇄도했다. 병간호뿐 아니라, 집안일과 심부름에 이르기까지 필요할 때마다 수시로 불러다 쓸 수 있다는 편리함 때문이었다.

엄격한 직원 관리는 간병 회사의 기본

사업이 커지면서 직원들도 자꾸만 늘어났다. 그러다 보니 봉급으로 나가는 돈이 눈덩이처럼 불어났다. 큰일이었다. 이러다간 빚더미에 올라앉아 날아 보지도 못하고 추락할 것이라는 생각이 들었다. 그녀는 일일이 고객들을 찾아다니며 급한 사정을 설명한 후 비용을 최대한 빨리 지불해 달라고 부탁했다. 다행히 고객들은 그녀의 부탁을 들어줬고, 급한 불은 끌 수 있었다.

그녀는 간병인 회사의 성공이 전적으로 직원들에게 달려 있다고 믿고 있다. 직원들의 서비스가 바로 상품이기 때문이다. 좋은 직원을 구하기 위해 그녀는 간호보조원 학원도 따로 설립했다. 주로 일자리 없는 빈민층을 대상으로 6주 동안 무료 교육을 시킨 뒤 간호보조원 자격증을 따도록 지원하고 있다.

"고객들을 진심으로 가족처럼 대해야 합니다. 고객들 대부분이 의지할 곳 없는 사람들이니까요."

그녀는 직원들에게 늘 이렇게 말한다. 또한 고객들에겐 서비스에 만족하고 있는지 반드시 확인한다. 직원의 옷차림은 산뜻했는지, 원하는 시간에 정확히 도착했는지, 태도는 공손했는지 등을 철저히 알아보는 것이다. 승진이나 연봉은 고객들로부터 얼마나 좋은 평가를 받느냐에 따라 결정된다. 철저한 직원 관리로 소문이 난 덕에 케어 어드밴티지는 종합병원이나 의학연구소 등에서도 믿고 쓸 수 있는 업체로 정평이 나 있다.

▌데보라 존스턴의 성공 포인트 3가지

1. 다른 사람을 돌보면서 이혼의 충격을 이겨냈다.
2. 노인을 보살피는 어려운 일을 '열정' 하나로 극복했다.
3. 언제나 진심 어린 마음으로 고객을 가족처럼 대했다.

●

"저는 왜 이렇게 일이 잘 안 풀릴까요?"
이렇게 말하는 주부들에게 나는 일상생활에서 남들보다 조금만 더 관심을 기울이라고 말하고 싶다. 비닐봉지, 베개, 걸레 등 살림하면서 흔히 접할 수 있는 아이템으로 일약 백만장자가 된 주부들이 있기 때문이다. '백만장자 되기'는 어렵다고 생각하면 한없이 멀게 느껴지지만, 뒤집어 생각해 보면 이렇게 사소하고 보잘것없는 일에서 출발하는 것이다.

반짝반짝 아이디어로 사업에 성공한 주부들

남들보다 빨리 떠오른 아이디어 200% 활용했어요!

유기농 샐러드를 비닐봉지에 넣어 파는 것도 장사가 되네요? | *마이라 굿맨*

허브 베개 팔아 알부자 됐어요! | *로렌 로젠스타트 존슨*

버찌씨로 베개 만들어 만족한 생활 누려요 | *리안 반 벨젠-바스티안센*

사담 후세인 얼굴 비누가 대박 나다니! | *엘렌 카그나솔라*

휴대용 변기 빌려 주고 큰돈 벌었어요 | *로렌 맥그로우*

걸레질하다 돌려 짜는 자루걸레 생각해 냈어요 | *조이 맨가노*

유기농 샐러드를
비닐봉지에 넣어 파는 것도 장사가 되네요?
M y r a   G o o d m a n

마이라 굿맨 |
포장 샐러드 회사 '어스바운드 팜 Earthbound Farm' 창업
www.ebfarm.com

마이라 굿맨과 드루 굿맨 부부는 미국 뉴욕에서 나고 자란 전형적인 도시인이었다. 시골 생활은커녕 농사도 전혀 몰랐던 그들은 대학 졸업 후 1년 동안만 도시를 떠나 외진 시골에서 농사를 지어 보기로 했다.

단순하게 생각하고 시작한 농촌 생활에서 이들은 유기농 샐러드를 비닐봉지에 넣어 파는 아이디어를 생각해 냈다. 현재 미국 대형 슈퍼마켓 중 70% 이상이 어스바운드 팜의 상표를 붙인 샐러드를 판매하고 있다.

우리 부부는 왕초보 농사꾼!

1984년 미국 캘리포니아 중부의 한 농촌 마을. 낡은 승용차가 뿌연 흙먼지를 일으키며 나타났다. 마을 사람들은 늘 그렇듯 이 지역을 지나치는 사람일 거라고 생각했다.

과연 도시 사람들은 운전하는 법조차 달랐다. 무엇이 그리 바쁜지 늘 쫓기는 사람처럼 한껏 속력을 내어 달리는 것이었다. 하지만 승용차는 마을 경계선으로 빠져나가지 않았다. 오히려 마을 어귀에 서 있는 낡은 폐가에 차를 세우는 게 아닌가? 문이 열리고 차에서 내린 사람은 한 쌍의 젊은 부부였다.

두 사람은 뉴욕에서 나고 자라 대학도 그곳에서 졸업했다. 농사가 어떤 것인지는 물론 농촌 생활 자체에 대해서도 전혀 몰랐다. 이 철딱서니 없는 부부는 그저 대학 졸업 후 1년 동안만 공기 좋은 시골에 내려가 푹 쉬다 오자는 단순한 생각으로 고물차에 짐을 싣고 폐가나 다름없는 이곳 농가로 이사 왔을 뿐이었다.

"여보, 뒷밭에 딸기가 자라고 있어."

"어머, 정말이에요? 공기도 아주 좋은데요? 진짜 1년 동안 푹 쉴 수 있겠어요."

두 사람은 어린아이처럼 좋아했다. 하지만 이들을 바라보는 주변 사람들의 눈은 그리 곱지 않았다. 아무것도 모르는 젊은이들이 괜히 시골 마을의 분위기만 망치는 게 아닐까 걱정됐기 때문이다. 그녀는 개의치 않았다. 열심히 사는 모습을 보여 주면, 언젠가 마을 사람들도 좋아할 거란 생각이 들어서였다.

부부는 애초 계획대로 버려진 집을 수리하고, 농사를 짓기 시작했다. 경험은 없었지만 땅이 비옥해서인지 과일이나 각종 농산물들이 대견스러울 만큼 잘 자라 줬다.

　물론 문제도 있었다. 바로 농약이었다. 해충 때문에 어쩔 수 없이 농약을 써야 했지만, 그녀는 농약 창고 근처엔 절대 가지 않았다. 근처에만 가도 농약 냄새가 진동해서 머리가 지끈거렸다. 그녀는 농약에 대한 거부감 때문에 딸기엔 일부러 농약을 치지 않았다.

　시간이 흐르면서 농사는 자리 잡아 갔지만, 수확물을 재배해 팔려면 아직 몇 개월을 더 기다려야 했다. 생활비를 벌기 위해 고민하던 그녀는, 뒷밭에서 자라고 있는 딸기를 따서 팔기로 했다. 그들은 마을로 진입하는 도로변에 판매대를 세우고 딸기를 차려 놓았다.

　선명한 붉은 색에 알이 굵은 딸기는 보기만 해도 먹음직스러웠다. 물론 맛도 일품이었다. 장사를 시작한 후 그녀는 재미있는 경험을 했다. 농약을 전혀 쓰지 않은 무공해란 점을 강조했더니, 딸기가 더 잘 팔리는 것이었다. 어떻게 알았는지 저 먼 곳에서까지 일부러 딸기를 사러 찾아올 정도였다.

우연히 발견한 포장 샐러드 아이디어

　'아예 무공해 채소와 과일을 재배해 팔아 보면 어떨까?'

　그녀는 문득 이런 생각이 들었다. 남편에게 얘기했더니, 그 역시 비슷한 생각을 하고 있던 참이었다. 바야흐로 미국 전역에 건강과 다이어트 열풍이 불고 있어 채소나 과일을 찾는 사람이 하루가 다르게 늘어나는 추세였다. 게다가 농약을 전혀 사용하지 않은 유기농에 대한 관심은 더 높았다.

　부부는 상추와 양배추, 약초 등도 무공해 농법으로 재배하기 시작했고, 마을에서 손꼽히는 고급 레스토랑에도 납품했다. 아예 사업으로 만들기 위해 어스바운드 팜이란 이름의 회사도 차렸다. 땅에서 나는 신선한 야채와 과일을 재배하는 회사란 의미였다.

이렇게 시작된 유기농 사업은 나날이 커져 갔다. 늘어나는 주문에 그녀와 남편은 밭에서 하루 열두 시간씩 일하는 강행군에도 힘든 줄 몰랐다. 주부인 그녀 역시 직접 재배한 신선한 야채로 샐러드를 만들거나 요리를 할 때마다 기분이 좋았다.

하지만 그것도 잠시였다. 하루 종일 밖에서 일하느라 지칠 대로 지친 몸으로 채소를 씻고 다듬고 썰어 먹자니 여간 번거로운 게 아니었다.

어떻게 하면 조금이라도 편해질 수 있을까 고민하던 그녀에게 좋은 아이디어가 떠올랐다. 일주일 동안 먹을 채소를 미리 손질해 냉장고에 보관하면 좋을 것 같았다.

하지만 문제는 미리 씻어 놓은 채소를 그대로 냉장고에 넣어 두면 금방 시들어 버린다는 것이었다. 시험 삼아 밀봉이 가능한 지퍼 락 비닐봉지에 샐러드를 넣어 봤다. 무려 일주일 동안 신선도가 유지됐다. 다음날부터는 아무리 피곤한 날이라도 냉장고 속의 야채를 꺼내 5분 안에 샐러드를 만들어 먹을 수 있었다.

남편과 저녁식사를 하던 중 그녀에게 또 다시 새로운 아이디어가 번쩍 떠올랐다.

'아예 이걸 사업으로 발전시키면 어떨까?'

바쁜 도시 사람들은 샐러드를 먹고 싶어도 매번 채소를 씻고 손질하는 게 번거로워서 지레 포기하고 말지 않던가. 그런 이들을 겨냥해, 깨끗하게 손질을 마친 유기농 채소를 비닐봉지에 넣어 판다면 불티나게 팔려 나갈 거란 생각이 들었다.

그녀는 다음날부터 남편과 함께 포장 샐러드를 만들기 시작했다. 집에서 하던 것처럼 유기농 채소를 다듬은 후 밀봉이 잘되는 비닐봉지에 넣었다. 겉면에는 '미리 씻은 샐러드'라고 써서 붙였다.

처음에는 50개 정도만 만들어 근처 슈퍼마켓에 내놔 봤다. 소비자들의 반응을 살피기 위해서였다. 편리한 식품이라 생각했는지 반응이 좋았다. 이번엔 좀더 많이 만들어 대도시인 샌프란시스코의 슈퍼마켓에 보냈다. 역시 잘 팔렸다.

미국 전역에서 인기 끌고 있는 유기농 포장 샐러드

그녀는 이제 포장 샐러드를 뉴욕으로 보내야겠다고 생각했다. 자신의 고향인 뉴욕에서는 각종 인스턴트식품이 맞벌이 부부들에게 인기를 끌고 있었다. 뉴욕으로 진출하면, 간편하면서도 건강에 좋은 유기농 포장 샐러드가 더 잘 팔릴 거란 생각이 들었다. 문제는 운송 수단이었지만, 트럭이 아닌 비행기를 이용하면 될 것 같았다. 시험 삼아 보낸 샐러드의 반응은 폭발적이었다. 뉴욕의 성공을 시작으로 미국 전역에서 주문이 밀려들었다.

갑자기 쏟아지는 주문에 물량이 모자랄 정도였다. 이젠 채소 경작지를 대폭 늘려야 했다. 하지만 아무리 생각해도 땅을 갑자기 늘릴 방법이 생각나지 않았다.

결국 대형 농산물 회사와 협력하는 게 가장 좋을 거란 결론을 얻었다. 그녀는 1995년에 '미션 랜치스 Mission Ranches'란 대형 농산물 회사와, 1999년엔 '타니무라 & 앤틀 Tanimura & Antle' 사와 각각 계약을 체결했다. 그녀는 기존의 재배 방식을 버리고 농약을 쓰지 않는 유기농으로 바꾸라고 요구했다. 어스바운드 팜과는 비교도 안 될 만큼 큰 회사들이었지만, 그들은 그녀의 요구를 기꺼이 받아들였다.

이제 어스바운드 팜과 계약을 맺고 있는 농산물 업체는 무려 200여 곳에 달한다. 그녀가 이들과 계약한 이유는 하나뿐이다. 미국의 모든 소비자들에게 가장 싱싱하고 질 좋은 샐러드를 남들보다 한발 빨리 공급하고 싶기 때문이다. 그녀는 2004년 3월 드레싱까지 돼 있는 완벽한 포장 샐러드를 시중에 내놓았다. 미국 슈퍼마켓의 70%가 그녀의 제품을 판매하고 있는 것만 봐도 그녀의 사업 철학이 얼마나 반응이 좋은지 알 수 있다.

마이라 굿맨의 성공 포인트 3가지

1. 세상을 모르는 젊은 주부였지만, 작은 아이디어를 사업으로 연결시켰다.
2. 작은 성공을 거둔 후에도 자만하지 않고 늘 새로운 것을 생각했다.
3. 소비자들의 건강을 위해 철저하고 엄격하게 품질관리에 늘 신경 썼다.

허브 베개 팔아 알부자 됐어요!

Lauren Rosenstadt Johnson

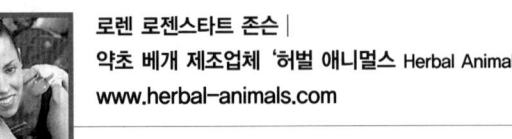

로렌 로젠스타트 존슨 |
약초 베개 제조업체 '허벌 애니멀스 Herbal Animals' 창립자
www.herbal-animals.com

이혼 후 불면증으로 고생하던 로렌 로젠스타트 존슨은 딸의 말 한 마디에 힌트를 얻어 1995년 처음으로 허브를 넣은 베개를 만들었다. 이후 바디샵 Body Shop, 네이처 컴퍼니 Nature Company 등의 유명한 상점에서 로렌의 베개가 인기리에 팔려 나갔다.
현재 그녀의 베개는 미국 전역 800여 개 상점에서 판매되고 있으며 연간 수백만 달러의 수익을 내고 있다. 최근에 각종 매체에 보도되면서 매출액이 더욱 큰 폭으로 뛰고 있다.

여덟 살 난 딸이 전해 준 작은 선물

그녀는 늘 잠이 턱없이 부족했다. 잠이 오지 않을 뿐 아니라 어쩌다 잠자리에 누워도 선잠을 자거나 새벽에 깨어나 뜬눈으로 아침을 맞곤 했다. 스트레스 때문이었다. 불과 몇 년 전까지만 해도 그녀는 한번 잠에 빠져들면 누가 업어 가도 모를 만큼 숙면을 취했다. 하지만 이혼 후엔 아이를 어떻게 먹이고 교육시킬지, 무엇으로 생계를 유지할지 등 고민되는 게 한둘이 아니었던 탓에 늘 뒤척여야만 했다. 사실 전업주부로 살아온 주부들이 뜻하지 않은 이혼이나 사별을 당할 경우 누구나 걱정하게 되는 부분이 바로 그것이다.

더구나 그녀가 사는 동네의 여름은 유달리 후덥지근하고 더웠다. 가만히 앉아 있어도 땀이 뚝뚝 떨어졌다. 얼마 전부터 그녀는 베갯속을 채워 공장에 가져다주는 부업을 하고 있었다. 어차피 불면증으로 고생할 바에는 밤새 일해 돈이라도 벌어야겠다는 생각이 들었기 때문이다. 내일 아침에도 100개의 베개를 공장에 납품해야 했다. 하지만 밤이 되어서까지 찌는 듯한 불볕더위로 아무 일도 할 수 없었다. 정신은 흐려지고 잠은 오지 않는데, 덥기까지 하니 짜증만 날 뿐이었다.

자리에서 일어난 그녀는 침대에서 자고 있는 딸을 바라봤다. 팔 한쪽이 옆구리에 눌려 있었다. 상체를 살짝 들어 올려 팔을 빼 줬다. 깊게 잠든 아이의 얼굴은 천사 같았다. 올해로 여덟 살이 된 딸을 위해 그녀는 더 열심히 일해야겠다고 마음먹었다.

딸에게는 소원이 하나 있었다. 나무 위에 집을 짓는 것이었다. 이미 나무 위에 집을 갖고 있는 친구들이 있는 모양인지, 늘 '나무 집' 타령이었다. 나뭇잎 냄새와 새 소리, 스치고 지나가는 맑은 바람……. 나무 위의 집은 딸에게 있어 동화 속에 나오는 궁전처럼 여겨졌을 것이다. 하지만 그녀는 나무 위에 집을 지어 줄 수 없었다. 그리 날렵하지도 못한 몸으로 망치와 판자를 들고 호기 있게 올라갔다가 떨어지기라도 하면 큰일이었다. 크게 다치면, 아무도 그녀와 딸의 생계를 책임져 줄 사람이 없었다. 나무 위에 올라가지 않고도 자연 속에 있는 것 같은 느낌을 줄 수는 없을까, 이것이 늘 그녀의 고민거리였다.

벌써 새벽 세 시가 됐다. 그녀는 다시 허겁지겁 베갯속 넣는 일을 시작했다. 한창 일을 하고 있는데, 문득 한 가지 생각이 스쳐 지나갔.

'베개에 투박한 솜 대신 나뭇잎이나 풀을 넣어 보면 어떨까? 자연의 냄새를 맡고 있으면 나 같은 사람들도 기분 좋게 잠을 이룰 수 있지 않을까?'

아이디어가 떠오르자, 베갯속을 넣는 그녀의 손놀림이 빨라졌다. 내일 아침 가능한 빨리 솜 베개들을 공장에 가져다주고 자신의 생각을 시험해 봐야겠다고 마음먹었던 것이다.

세상에서 가장 포근한 베개를 만들어라!

다음날 그녀는 베개 속에 솜 대신 콩이나 밀, 옥수수 등의 곡물을 넣어 본 후 냄새를 맡았다. 기대만큼 좋은 냄새가 나지는 않았다. 이번엔 나뭇잎이나 풀잎 등 주변에서 보이는 것들을 닥치는 대로 넣어 봤다. 마찬가지였다.

부업과 살림에 시달리고 아이에게 신경 쓰느라 늘 정신없는 일상이었지만, 그녀는 포기하지 않았다. 시간이 날 때마다 계속 베갯속을 바꿨다. 며칠 후엔 라벤더, 카모밀라, 레몬 등의 허브를 넣어 봤다. 허브의 산뜻한 향기가 은은하게 퍼졌고 오랫동안 유지됐다. 이번엔 유기농법으로 재배된 여러 가지 곡물도 사용해 봤다. 베개를 베자 풋풋한 허브 냄새와 향긋한 과일, 구수한 곡식 냄새가 어우러져 마치 자연 속에서 잠을 청하는 것 같았다.

이번엔 베개 모양을 양이나 코끼리, 고양이, 강아지 등의 동물 모양으로 만들어 봤다. 동물 그림이 식물 향기와 어우러져 자연의 분위기를 훨씬 돋울 수 있을 것이라 생각되어서다. 딸도 동물 모양의 베개를 베고 자는 것을 좋아했다.

언젠가 그녀는 젖소를 500마리도 넘게 키우는 대형농장으로 딸의 소풍을 따라간 적이 있었다. 넓은 초원에서 풀을 뜯고 있을 소들을 생각했는데, 이게 웬일인가? 젖소들은 물침대에 앉아 있었다. 주인에게 이유를 물었더니 젖소들을 물침대에 재우면 혈액 순환이 잘돼 우유 생산량이 10% 정도 늘어나기 때문이란다. 주인은 사람도 물침대에서 자면 숙면을 취할 수 있어 건강에 좋다고 설명했다.

사실 미국의 교통사고 원인 중 가장 많은 것 중 하나가 바로 수면 부족으로 인한 졸음운전이다. 수면 부족으로 매년 1만 여명의 운전자가 사고를 일으켜 죽는다. 또 공장이나 산업현장 등에서도 수면 부족으로 인한 사고가 빈번하게 일어난다.

농장 주인의 설명을 떠올리며, 그녀는 비싼 물침대보다 훨씬 저렴한 허브 베개를 본격적으로 판매해야겠다고 마음먹었다. 자신처럼 스트레스나 우울증으로 인해 불면증에 빠져 있는 사람들에게 분명 도움이 될 것이라는 생각도 들었다.

허브 베개로 백만장자가 될 줄이야

본격적인 사업에 뛰어들기로 하고 그녀는 회사 이름을 허벌 애니멀스라고 지었다. 말 그대로 허브를 베개 속에 넣은 동물 모양의 베개였기 때문이다.

처음 판매한 베개 속에는 라벤더와 박하, 아마씨 등이 들어 있었다. 처음엔 동네에서 작은 규모로 시작했지만, 워낙 반응이 좋아 바디샵 Body Shop, 네이처 컴퍼니 Nature Company 같은 큰 상점에서도 팔 수 있었다. 반응은 기대보다 더 좋았다. 몇 달도 안 돼 1만 여개의 베개가 팔렸다. 인기가 높아지면서 눈에 올려놓고 자는 눈 베개까지 만들었다.

그녀는 성공한 후에도 자신의 집을 사무실로 쓰고 있다. 아직은 엄마의 도움이 필요한 딸과 되도록 많은 시간을 함께하기 위해서다. 집 1층에서는 베개를 디자인하고, 전화로 사업을 지휘한다. 베개를 꿰매는 일은 혼자 하기 어렵기 때문에 주부 40명을 직원으로 채용해서 처리하고 있다. 이들은 한때 그녀가 그랬던 것처럼 자신들의 집에서 베개를 꿰매 허벌 애니멀스에 납품한다.

현재 그녀의 베개는 미국 전역 800여 개 상점에서 판매되고 있으며, 연간 매출액이 무려 수백만 달러에 달한다. 최근엔 『포브스』 등의 경제 전문지와 TV 등에 보도되면서 매출액이 더욱 큰 폭으로 뛰고 있다. 많은 사람들이 편안한 베개를 원할 거란 그녀의 생각이 맞아떨어졌던 것이다.

Tip 수면 시간보다 숙면 시간이 수명을 좌우한다!

오래 잘수록 장수할 수 있다고 생각하는 이들이 많지만, 천만의 말씀이다. 미국 캘리포니아대의 연구 결과, 하루에 6~7시간 수면을 취하는 사람이 가장 오래 사는 것으로 나타났다. 하루 8시간 잠을 자는 사람들은 이들보다 12% 수명이 짧았고, 9시간 이상 자는 사람들의 수명은 최고 40%나 줄었다.

수면은 양보다는 질이 훨씬 더 중요하다. 단 한 시간을 자더라도 깊은 잠을 자야 한다. 시카고대의 이브 코터 Eve Cauter 박사에 따르면, 25세 이전에는 전체 수면 시간의 20% 정도만 숙면이다. 숙면 시간은 35세가 넘으면 5% 이하로 떨어지고, 45세를 넘기면 제로에 가까워진다. 숙면이 줄어들수록 성장 호르몬의 분비도 함께 줄어든다. 성장 호르몬이 줄어들면 비만, 근육 축소, 체력 감소 현상이 찾아온다. 이것이 바로 노인들의 기력이 떨어지는 이유다!

▮로렌 로젠스타트 존슨의 성공 포인트 3가지

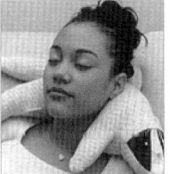

1. 어린 딸이 흘린 말 한마디에서 사업 아이디어를 생각해 냈다.
2. 최고의 베개를 만들기 위해 노력을 게을리 하지 않았다.
3. 자신처럼 불면증으로 고생하는 사람들에게 계속 관심을 가졌다.

버찌씨로 베개 만들어 만족한 생활 누려요

Rian van Velzen-Bastiaansen

리안 반 벨젠-바스티안센
버찌씨 베개 제조업체를 창업한 억만장자

스위스 산장에서 써 봤던 버찌씨 베개의 편안함을 잊지 못했던 리안은 고향에 돌아와 갖은 노력 끝에 버찌씨 베개를 상품화하는 데 성공했다. 이 베개가 인기를 끌자 그녀는 계속 아이디어를 내 메밀을 넣은 베개를 비롯한 다양한 새 상품을 개발했다.
2004년 현재 그녀의 회사는 네덜란드, 독일, 프랑스, 영국, 스웨덴 등의 유럽에서 천만 달러에 달하는 매출액을 올리고 있으며, 미국 시장에도 진출하기 위해 준비 중이다.

우동 회사 수출 책임자의 마음을 빼앗아 간 버찌씨 베개

그녀는 네덜란드에 진출해 있는 일본 우동 회사의 수출 매니저였고, 남편은 통신 회사의 마케팅 책임자였다. 두 사람 다 눈코 뜰 새 없이 바쁜 직장인들이었다. 이렇게 살다가는 머릿속이 텅 빌 것 같다는 생각에 두 사람은 벼르고 벼른 끝에 스위스 여행을 가기로 했다.

그들은 스위스의 산장 샬레에 민박하기로 했다. 아직 봄이라 낮에는 따뜻했지만 저녁에는 쌀쌀했다. 그녀가 남편과 함께 식사를 마치고 이야기를 나누고 있을 때 마음씨 좋은 주인이 찾아와 무언가를 내밀었다. 그의 손에 들린 것은 알록달록한 베개였다.

"이걸 베고 주무세요. 따스해서 잠이 잘 올 겁니다."

"어, 정말 감촉이 부드럽고 따뜻하네요. 그런데 이 속에 뭐가 들어 있는 거죠? 좋은 냄새까지 나는데요?"

"바짝 말린 버찌씨입니다. 몸에 대고 있으면 오랫동안 따뜻하죠."

버찌씨 베개는 정말 따뜻했다. 신기한 것은 베개의 온기가 밤새도록 그대로 유지된다는 것이었다. 그 비밀은 이렇다. 오븐이나 전자레인지에 베개를 넣어 약하게 가열하면 버찌씨가 따끈따끈해진다. 따뜻해진 버찌씨는 장시간 온기를 잃지 않기 때문에 배앓이를 할 때나 발목을 삐었을 때 아픈 부위에 대고 자면 효과가 좋다. 스위스 사람들은 수백 년 전부터 찜질 치료에 버찌씨를 사용하고 있었던 것이다.

버찌씨 베개? 내가 직접 만들지, 뭐!

네덜란드에 돌아와서도 버찌씨 베개의 감촉이 잊혀지지 않았다. 다시 한 번 그 베개를 베고 포근하게 자고 싶었다. 그녀는 직접 만들어 보기로 결심했다. 버찌씨만 넣으면 되니, 그리 어려울 것 같지도 않았다.

버찌씨를 구하기는 쉬웠다. 근처의 버찌 통조림 공장에 전화했더니, 어차피 버리는 것이니 공짜로 가져가라고 했다. 그녀는 베개를 많이 만들어 가족들에게 선물하고 싶은 욕심에 버찌씨를 잔뜩 실어 왔다.

그런데 버찌씨를 어떻게 말리느냐가 문제였다. 오븐에 넣어도 보고, 전자레인지에 가열시켜 보기도 했다. 또 그늘에 늘어놓고 몇 주 동안 기다려 보기도 했다. 하지만 이상한 일이었다. 버찌씨는 썩거나 곰팡이가 생겨 고약한 냄새를 풍겼다. 생각 끝에 커피 볶는 기계를 갖고 있는 친구에게 바짝 말려 달라고 부탁해 봤다. 이번엔 성공이었다.

그녀는 예쁜 베개 하나를 만들어 시어머니에게 선물했다. 다시 열 개를 더 만들어 가족이나 친구 등 주변 사람들에게 선물했다. 버찌씨 베개를 사용해 본 사람들은 다들 좋아했다. 그녀 역시 신이 났다.

'혹시 이 베개를 만들어 팔 수 있을까?'

시험 삼아 매년 개최되는 소비자 전시회에 출품해 보기로 했다. 반응이 좋을 경우 아예 직장을 그만두고 사업에 나서기로 결심했다.

전시회에 출품하려면 베개를 많이 만들어야 했다. 하지만 어려울 것은 없었다. 버찌씨는 식품 제조업체들로부터 공짜로 구할 수 있었다. 면으로 된 베갯잇은 도매시장에서 대량으로 사들였고, 버찌씨를 말리고 베갯잇을 씌우는 일은 장애인 단체에 문의하니 쉽게 해결됐다. 장애인 단체에서는 그녀의 아이디어가 성공하면 일자리를 얻을 수 있다며 무상으로 도와줬다. 덕분에 그녀는 짧은 시간에 많은 베개를 만들 수 있었다.

이젠 유럽에서 가장 인기 있는 건강 베개 됐어요!

전시회 출품 결과는 대성공이었다. 부스를 찾아오는 사람들은 신기해하며 베개를 사 갔고 한번 사 본 사람들은 다시 와서 몇 개씩 구입했다. 이미 물건이 동이 났는데도 더 구할 수 없느냐고 묻는 사람들이 많았다.

그녀는 전시회가 끝난 다음날 바로 사표를 냈다. 버찌씨 베개 장사에 전념하기로 한 것이다. 회사 이름은 자연산 버찌씨 베개를 선택하라는 뜻으로 '자연의 선택 Nature's Choice' 이라고 지었다. 회사를 시작한 지 1년 만에 버찌씨 베개는 25만 달러어치가 팔렸다.

판매가 늘면서 그녀의 집 거실은 버찌씨 베개와 포장 박스로 가득 찼다. 그녀는 1996년 초, 집에서 가까운 곳에 창고를 만들었다. 주문이 계속 늘어나자 이번엔 제품을 다양화하기 시작했다. 100% 명주로 짠 주머니에 아마씨를 잔뜩 집어넣은 눈 베개도 개발했다. 졸리거나 눈이 피로할 때 눈에 대고 있으면 따뜻한 촉감과 온도로 눈의 피로가 풀린다.

1998년 회사는 연간 매출액 250만 달러를 기록했으며, 2004년엔 1천만 달러로 불어났다. 제품을 판매하는 국가도 꾸준히 늘고 있다.

▌리안 반 벨젠-바스티안센의 성공 포인트 3가지

1. 산장에서 우연히 써 봤던 베개가 상품 가치가 있다는 것을 알아냈다.
2. 전시회 출품 등을 통해 시장 수요를 파악했다.
3. 본격적인 사업을 시작한 이후에도 여러 아이디어를 통해 사업을 발전시켰다.

사담 후세인 얼굴 비누가 대박 나다니!
Ellen Cagnassola

엘렌 카그나솔라 |
이색 비누 제조회사 '스위트 소프 Sweetsoaps' 창업
www.sweetsoaps.com

2002년 미국이 이라크를 침공한 직후 미국에선 사담 후세인 비누가 인기였다. 물론 후세인의 인기 때문은 아니었다. 미국인들은 그의 머리를 화장실에 매달아 놓고 쓰는 것을 재미있어 했을지도 모른다. 실제로 이라크 군사 작전에 참가했던 군인 가족들이 후세인 비누를 앞 다퉈 사 갔다고 한다. 미국 언론들도 이 비누에 담긴 유머와 애국심에 호기심을 보이며 화제의 뉴스로 크게 다뤘다. 이 기발한 비누를 개발한 주인공이 바로 평범한 주부 엘렌 카그나솔라였다.

내 인생을 걸고 도전해 볼 만한 일은 무엇일까?

그녀는 1990년대 초 대학을 졸업했다. 당시 미국은 불경기에다 걸프전의 영향으로 일자리 구하기가 힘들었다. 그녀는 취업에 도움이 될 거란 생각으로 대학원에 진학했다. 어렵게 대학원을 마쳤지만 취직이 어렵기는 마찬가지였다. 할 수 없이 작은 청소 업체를 차려서 먹고 사는 문제를 해결했다.

어느 정도 여유가 생기자 결혼하고 딸을 낳았다. 그녀는 아이를 키우기 위해 청소 회사를 정리하고 전업주부로 살았다. 그렇게 3, 4년이 흘러 딸이 다른 아이들과 놀 수 있는 나이가 되자, 그제야 뭔가 다시 시작하고 싶다는 생각이 들었다.

그런데 도대체 무엇을 할 수 있을까? 그녀는 자신감을 잃고 무기력해져 가는 스스로의 모습을 발견하고 깜짝 놀랐다. 그녀가 하고 싶은 일은 자신이 전공했던 인테리어 디자인뿐이었다. 이때부터 그녀는 틈이 날 때마다 이곳저곳에 전화해서 인테리어 디자인 전공자가 할 만한 일이 없는지 물었다. 때로는 자신의 처지가 처량하게 느껴졌지만, 꾹 참고 계속했다.

그렇게 몇 달을 기다린 끝에 드디어 일자리가 생겼다. 한 이벤트 업체에서 광고용 그래픽과 한 문장짜리 카피를 제작해 달라는 것이었다. 그녀는 광고 일을 해 본 적이 단 한 번도 없었다. 하지만 눈 딱 감고 일을 맡기로 했다. 작은 일이지만 도전하지 않으면 아무 것도 할 수 없을 거란 생각에서였다.

독특한 디자인의 비누를 만들면 어떨까?

'어떤 문구를 뽑아야 사람들의 시선을 끌 수 있을까?'
전문가조차 힘들어 하는 광고 카피를 붙잡고 초보인 그녀는 밤늦도록 고민했다. 아무리 생각해도 그럴듯한 단어가 생각나지 않았다.
 다음날 아침 뜻밖에 좋은 아이디어가 떠올랐다. 그것도 손을 씻기 위해 비누를 집어 드는 순간에 말이다.
 "모든 분에게 깨끗한 재미를 드립니다 Clean fun for everyone!"
 손을 닦고 났을 때의 깨끗하고 상쾌한 재미를 주겠다는 의미였다. 그녀는 아이디어를 준 비누를 고마운 심정으로 만지작거렸다. 이때 또 다른 아이디어 하나가 떠올랐다. 독특한 모양의 비누를 만들어 재미있는 글씨를 새겨 보자는 게 바로 그것이었다.
 그녀는 이제 틈만 나면 이색 비누 만들기에 매달렸다. 그녀는 새로운 색상과 모양을 만들기 위해 눈에 보이는 모든 것을 비누 만드는 데 적용해 봤다. 실험에 실험을 거듭한 결과 화장품 제조용 색소를 활용하면 비누에 다양한 색깔을 낼 수 있다는 사실을 알아냈다. 또 비누에 글자를 새겨 줄 업체도 찾아냈다.
 이렇게 해서 탄생한 그녀의 첫 번째 비누는 집 근처 작은 가게에 진열됐다. 워낙 개성 있게 생긴 비누여서 내놓는 즉시 팔려 나갔다. 얼마 뒤 그녀는 인터넷 판매가 품도 덜 들고 편리할 것 같다는 생각이 들어 홈페이지를 만들었다. 점차 맞춤형 대량 주문이 들어오기 시작했다.

혼자 시작한 이색 비누, 이젠 큰 사업 됐어요!

인터넷 사이트 개설 후 스위스에서 국제전화가 왔다.
 "당신은 정말 천재예요!"
 상대방은 대뜸 이렇게 말했다. 그녀는 잘못 걸려 온 전화라고 생각했다. 하지만 상대방은 바로 스위스 도매상이었다. 그는 내일 당장 비누 천 개를 보내 달라고 주문했다. 일단 알았다고 대답한 후 전화를 끊었지만,

그녀는 난감했다. 혼자서 하루 동안 천 개나 되는 비누를 만들어 낼 재간은 없었다. 급한 대로 사람을 고용해 주문 물량을 겨우 채울 수 있었다.

날이 갈수록 주문이 쇄도하면서 아무리 열심히 만들어도 충분한 재고를 확보하기 힘들어졌다. 그녀는 협력 업체를 정해 대량 생산 체재에 돌입하게 됐다.

세계적인 화장품 회사 존슨&존슨은 고객 선물용으로 그녀의 비누를 나눠 주고 있으며, 세계 굴지의 광고 회사에서도 그녀가 만든 비누를 고객 선물용으로 제공하고 있다. 그만큼 그녀는 성공한 것이다.

히트 상품 중 하나인 '산타의 석탄비누 Santa's Coal Soap'는 모양 자체가 까만 석탄 덩어리처럼 보이면서도 향긋한 사탕 냄새가 풍긴다. 그리고 주머니에는 빨간 산타 도장이 찍혀 있다. 이 밖에도 소라나 컵, 초콜릿, 향수, 샴페인, 부처 모양을 한 비누가 있는가 하면, 한자로 복福, 사랑愛 등을 새겨 넣은 비누도 있다. 모두 일상에서 흔히 눈에 띄는 물건이나 보통 사람들의 보편적인 감정을 소재로 창작해 낸 것들이다.

▌엘렌 카그나솔라의 성공 포인트 3가지

1. 아무리 힘든 상황에서도 자신이 잘할 수 있는 일을 찾아냈다.
2. 남들과 다른 아이디어로 독특한 디자인의 비누를 만들었다.
3. 소비자들의 필요에 따라 비누의 용도를 다양화시켰다.

휴대용 변기 빌려 주고 큰돈 벌었어요
Lauren McGraw

로렌 맥그로우 |
휴대용 변기 대여 회사 사장
www.gottagotoilets.com

아이들과 함께 여행을 하다가 휴대용 변기가 필요하다는 아이디어를 얻었다. 회사를 차린 후 5개월 만에 7만 달러를 벌었으며, 1년 뒤엔 회사를 집 지하실에서 대도시 중심부로 옮겼다.
1997년 창업 후 3년 동안 매출액이 300% 증가했으며, 현재 연간 매출액은 천만 달러에 달한다. 2000년 미국 미시시피주의 권위 있는 경제지 『비즈니스 저널 Business Journal』은 그녀를 최고 기업인 40명 중 한 명으로 선정했다.

앗! 길가에서 일 보는 아저씨다!

그녀는 세 명의 아이들을 차에 태우고 야외로 소풍을 가고 있었다. 오랜만의 나들이라 그런지 아이들은 들떠 있었다.

"엄마, 저 아저씨 저기서 뭐 하는 거야?"

차창 밖을 바라보던 막내가 소리쳤다. 순간 그녀는 얼굴이 붉어졌다. 하지만 웃으며 넘길 수밖에 없었다.

"아저씨가 벽에 실례를 하고 있네? 아주 급한 모양이야."

"그럼 큰 거 마려우면 어떡해? 화장실도 없는데?"

아이다운 궁금증이었지만, 맞는 말이었다. 야외에서 급한 일이 생기면 도대체 어떻게 해결하는지 그녀도 궁금해졌다. 다음부턴 건설 공사장을 지나갈 때마다 유심히 살피게 됐다. 실제로 생리적인 현상 때문에 안절부절 못하거나 엉거주춤한 자세로 이리 뛰고 저리 뛰는 인부들을 발견했다.

마침 그녀의 남편은 레저 장비를 빌려 주는 대여업체 사장이었다. 그녀는 남편에게 휴대용 변기도 대여하면 어떻겠느냐고 물었다.

"더럽게! 난 다른 사람 대소변 치우는 일은 못 해."

남편은 펄쩍 뛰며 거절했다. 하지만 그녀의 생각은 달랐다. 분명 수요가 있는 일인데, 이대로 포기하기엔 아까웠다. 아예 혼자서 변기 대여업체를 꾸려 나가기로 결심했다.

건설 공사장부터 시작해 볼까?

그녀는 가장 수요가 많을 것으로 생각되는 건설 공사장부터 방문했다. 그리고 인부들에게 용변을 어떻게 해결하는지, 휴대용 변기를 사용해 본 적은 있는지, 기존 제품들의 불편한 점은 무엇인지, 어떤 변기를 원하는지 등을 꼼꼼히 물었다.

대부분의 사람들은 휴대용 변기가 무엇인지조차 모르는 사람도 있었다. 그럴 때마다 가방처럼 들고 다니며 사용할 수 있는 제품이라고 친절하게 설명해 줘야 했다. 간혹 그녀를 보고 무시하거나 귀찮아하는 인부들도 있었다. 그렇지 않아도 공사판 인부들은 여성을 비하하는 경우가 많았다. 아담한 체구의 금발 여성이 말쑥한 스커트 정장을 입고 공사장에 변기를 팔러 다니니 우스울 수밖에 없었던 것이다.

"아니, 무슨 놈의 회사가 여자를 이런 곳에 내보내?"

딴청을 피우거나, 아예 가까이 오지 못하도록 욕을 해 대는 사람도 있었다. 하지만 그들은 모두 잠재 고객들이었다. 사업을 제대로 시작하기도 전에 괜히 나쁜 이미지만 심어 줄 필요는 없었다. 그녀는 어떤 모욕적인 말도 귀담아 듣지 않고 그들을 깍듯하게 대했다. 힘들수록 더욱 열심히 일해 여성도 훌륭한 사업가로 성공할 수 있음을 보여 주고 싶었다.

우리 회사 이름은 '가야 해(?)'

건설 공사장 인부들을 만나 본 결과 그녀는 휴대용 변기에 대한 수요가 많다는 확신을 굳혔다. 그리고 바로 회사를 차렸다. 회사 이름은 '가야 해 Gotta Go'라고 지었다. 화장실에 꼭 가야 한다는 의미가 담긴 다소 유머러스한 이름이었다.

일단 휴대용 변기 126개와 변기를 싣고 다닐 트럭 한 대를 사고, 운전기사 한 명도 채용했다. 이제 변기를 싣고 다니며 그동안 눈여겨봐 둔 건설 현장을 찾아다녔다. 가장 어려운 일은 휴대용 변기를 치우고 청소하는 것이었다. 마스크까지 착용하고 일했지만, 오물 냄새를 참기 힘들었다. 게다가 직원을 더 채용할 돈이 없어 오물 퍼내기, 변기 치우기, 세제 구매 등의 거의 모든 일을 그녀 혼자 처리해야 했다.

누가 시켜서 하는 일이라면 도저히 손도 대지 못하고 물러났을 것이다. 하지만 스스로 선택한 일이었기 때문일까? 그녀는 점차 일에 익숙해져 갔다. 사업이 커지면서 직원을 두게 됐지만, 그녀는 궂은일도 마다하지 않았다.

그녀의 사업은 날이 갈수록 번창했다. 6년이 지나자 회사 규모가 처음보다 열 배로 커졌다. 직원 수도 열두 명으로 늘어났고, 변기 수는 1천여 개로 늘었다. 회사 사옥도 새로 지었다. 가난한 집안에서 태어나 혼자 벌어 어렵사리 대학을 졸업한 그녀로서는 눈부신 변신이었다.

그녀는 주변 사람들에게 '열심히 사는 사람'이란 말을 들을 때 가장 뿌듯함을 느낀다. 작은 것에서 사업 아이디어를 발견해 최선을 다하는 그녀의 모습이 아름답다.

▌로렌 맥그로우의 성공 포인트 3가지

1. 여행 중 차 안에서 본 것을 사업 아이디어로 연결시켰다.
2. 여성의 몸으로 휴대용 변기를 들고 남성들이 많은 건설 공사장에서의 판촉도 마다하지 않았다
3. 다른 사람이 피하는 일이라도 천직으로 생각하고 즐겁게 처리하려 노력했다.

걸레질하다
돌려 짜는 자루걸레 생각해 냈어요
J o y   M a n g a n o

조이 맨가노 |
돌려 짜는 '기적의 걸레' 발명한 억만장자

집 안을 청소하다 우연히 발명한 자루걸레는 조이 맨가노를 하루 아침에 갑부로 만들어 줬다. 걸레를 만든 후 9년 동안 그녀는 무려 2억 달러 이상의 매출을 올렸다.
현재 그녀의 제품은 세계 거의 모든 나라의 가정과 음식점, 사무실 등을 청소할 때 꼭 사용해야 하는 필수품으로 자리 잡았다.
전업주부에 불과했던 조이가 어떻게 새로운 개념의 걸레를 생각해 낼 수 있었을까?

어라? 이렇게 하니까 엎드려서 걸레질하지 않아도 되네?

그녀는 한숨을 내쉬며 걸레를 집어 들었다. 남편이 가족을 버리고 집을 나간 후 그녀는 아들 하나, 딸 둘을 혼자 키우고 있었다. 그가 왜 떠났는지 알 수 없었지만, 오늘처럼 텅 빈 집 안을 청소할 때면 자신의 신세가 처량하게 느껴졌다.

그랬다. 이제 10대에 접어든 아이들의 학비와 생계, 그리고 집안일까지 가족들의 미래가 그녀의 작은 어깨 위에 놓여 있었다.

그녀는 걸레를 두 손으로 확 비틀었다. 시커먼 물이 흘러나왔다. 딴 생각들을 날려 버릴 겸, 손에 힘을 꽉 주고 물기가 모두 빠질 때까지 걸레를 짰다. 그리고 거실 바닥을 훔쳤다. 다시 걸레를 빨아 꼭 짠 후, 이번엔 아이들 방을 돌아가며 청소했다.

다음엔 부엌 바닥을 닦을 차례였다. 그리 넓지 않은 집인데도 걸레질을 하다 보니 짜증이 왈칵 치밀어 올랐다. 그녀는 신경질적으로 걸레를 양동이 속으로 집어 던졌다. 더러운 물이 사방으로 튀었다. 저 물을 치우는 것도 일이 되어 버렸다.

'가만, 걸레에 손을 대지 않고 짜는 방법은 없을까?'

이제 그녀는 엉뚱하게 걸레에까지 신경을 썼다. 지친 몸을 이끌고 걸레를 빨아 청소하는 일이 매번 힘들기만 했던 것이다.

'허리를 굽히지 않고, 서서 걸레를 사용할 수 있다면? 일일이 짜지 않아도 된다면?'

단순했던 생각은 점점 구체화되기 시작했다. 서서 사용하려면 걸레에 자루를 달면 되고, 또 손으로 걸레를 짜지 않으려면 자루를 돌리기만 해도 물이 빠질 수 있도록 설계하면 될 것 같았다.

그녀는 당장 종이를 가져와 떠오르는 대로 모형을 그렸다. 아이디어는 계속 떠올랐다. 100% 면제품으로 걸레를 만들어 물을 잘 흡수할 수 있도록 하고, 아주 더러워졌을 때엔 세탁기에 넣어 빨아 쓰거나 표백제를 사용하면 된다. 걸레가 닳거나 쓰지 못하게 되면, 자루에 다른 걸레를 갈아 끼우면 된다.

현재 세계 거의 모든 사람들이 사용하는 돌려 짜는 자루걸레는 이처럼 1991년에 어느 평범한 주부가 개발해 낸 것이었다. 그녀는 이 제품에 '기적의 걸레 Miracle Mop'란 이름을 붙였다. 한편으론 이 걸레가 자신에게 또 다른 기적을 안겨다 주길 은근히 기대했다고 한다.

걸레는 그저 걸레일 뿐 '기적'을 일으킬 수는 없다?

그녀는 '기적의 걸레'를 들고 여러 소매점을 기웃거렸다. 하지만 걸레 하나 가격이 20달러나 한다는 말에 사람들은 코웃음 쳤다. 때로는 냉담한 반응을 보이는 경우도 있었다. 사람들은 수백 달러 하는 진공청소기는 꼭 필요한 제품이지만, 걸레는 그저 걸레일 뿐 돈 주고 사는 물건이 아니라고 생각했다.

그녀는 좌절하지 않고 1년 가까이 소매점을 찾아다니며 '기적의 걸레'를 홍보했다. 하지만 혼자 뛰는 데엔 한계가 있었다. 자신이 만든 이 제품의 용도를 소비자들에게 대대적으로 알리지 않는 한 판매량이 늘어나는 것을 기대하기는 어려웠다.

궁리 끝에 홈쇼핑 TV 채널인 QVC에도 샘플을 보내 봤다. 주부들 대상 프로그램인 만큼 효과가 클 것으로 생각했기 때문이다. 하지만 결과는 신통스럽지 못했다.

이유는 뻔했다. TV 화면에 자루걸레의 스틸 사진만 걸어 놓고 설명하니, 시청자들이 제대로 이해할 리 없었다. 그녀는 맥이 빠졌다. 포기할까

하는 생각도 들었다. 하지만 걸레에 투자했던 시간과 노력이 아까웠다. 마지막으로 용기를 내기로 했다.

그녀는 방송국을 찾아갔다. 자신이 직접 출연해 상품을 설명하겠다고 부탁했다.

방송국 사람들의 반응은 시큰둥했다. 그녀의 말만 듣고 이미 한 번 방영했는데도 구매 전화가 걸려오지 않으니 더 이상 걸레에 대해 얘기하지 말자는 것이었다.

그녀는 방송국 사람들만 설득해서 자신이 직접 제품 소개를 한다면, 판매가 크게 늘 것이란 확신이 있었다. 주부의 입장에서 이런 걸레가 꼭 필요하다고 생각했기 때문이다. 그녀가 자꾸 졸라 대자 방송국 경영진 가운데 한 명이 소리쳤다.

"이 봐, 그 걸레 말이야. 발명자에게 돌려줘. 그리고 발명한 사람도 돌려보내!"

급기야 막말까지 듣고 보니 자존심이 상하기는커녕 오히려 오기가 발동했다.

"제게 직접 출연해서 설명할 기회를 주세요. 그렇지 않으면 당신들은 나중에 후회할 거예요. 제가 소개하고 나면 분명 판매가 늘 겁니다. 의심의 여지가 없어요."

그녀의 계속되는 간청에 한 사람의 마음이 움직였다.

"좋아요. 하지만 딱 한 번뿐입니다. 이번에도 제품이 팔리지 않으면 깨끗하게 포기해 주십시오."

단 한 번 얻은 기회, 드디어 '기적'이 일어났다

그녀는 이 방송 한 번에 자신이 개발한 상품의 미래가 걸려 있다는 걸 알고 있었다. 입술이 바짝바짝 타올랐다.

하지만 긴장감도 잠시였다. 자신이 정성을 기울여 만든 제품을 제대로 알려야겠다는 생각이 더 컸던 것이다. 게다가 지난 1년 동안 갖은 수모를 당하며 기적의 걸레를 홍보해 왔기 때문에 설명하는 데엔 자신이 있었다.

드디어 생방송이 시작되었다. 그녀는 '기적의 걸레'를 들고 열심히 설명했다. 직접 걸레를 들고 물에 빨아 바닥을 닦아 보기도 하고, 자루에서 걸레를 떼어내 교체하는 법에 대해서도 소개했다.

방송이 진행되는 동안 주문 전화가 폭주하기 시작했다. 동시에 전화가 몰리는 바람에 방송국 직원들은 쩔쩔맸다. 20분 만에 무려 18,000개의 걸레가 팔렸다. 그녀는 주문받은 물량을 대느라 24시간 내내 밤새워 일해야 했다. '걸레' 취급받으며 비웃음을 샀던 '기적의 자루걸레'는 QVC에서 가장 많이 팔리는 상품이 됐다. 하찮은 걸레 하나가 드디어 기적을 일으킨 셈이었다.

벼락부자가 되었지만 그녀는 결코 자만하지 않았다. '기적의 자루걸레'가 인기를 끌자, 세계 곳곳에서 유사 상품이 쏟아져 나왔다. 걸레 하나만으론 경쟁력이 없어진 것이다. 이번엔 걸레를 빨기에 적당한 사각형 양동이를 고안했다. 걸레를 빨 때 잘 쓰러지지 않도록 만든 게 특징이었다. 이 제품 역시 히트를 쳤다.

그녀는 계속해서 새로운 상품을 만들어 내기 위해 궁리하고 있다. 그렇지 않으면 언젠가 도태될 수도 있다는 것을 잘 알고 있기 때문이다. 최근엔 150여 종의 보석을 보관할 수 있는 보석함을 만들어 냈다.

재미있는 점은 샤워할 때 새로운 아이디어가 떠오른다는 것이다. 샤워하다 말고 물이 뚝뚝 떨어지는 젖은 몸으로 뛰어나가 메모한 적이 한두 번이 아니었다. 이런 사실을 알게 된 QVC 사회자가 언젠가 TV 방송 중에 조이를 소개하면서 농담을 던졌다.

"샤워를 되도록 오래 하세요."

"네? 그게 무슨 말이죠?"

"그래야 좋은 아이디어 제품이 많이 나올 거 아닙니까?"

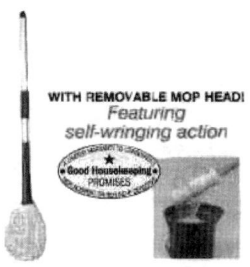

▎조이 맨가노의 성공 포인트 3가지

1. 주부들이 흔히 쓰는 걸레를 더 편안하게 사용할 수 없을지 고민했다.
2. 머릿속에 떠오른 아이디어를 제품으로 만들어 냈다.
3. 판매를 위해 갖은 고생을 했지만, 포기하지 않았다.

향수, 요가, 애견 키우기, 아이 돌보기, 뜨개질······.
당신의 취미는 무엇인가? 취미 생활은 경제적으로 여유 있는 사람들의 전유물이라고 생각하고 있지는 않은가? 만약 한 가지라도 취미가 있다면, 자신이 좋아하는 일로 돈을 벌 방법은 없는지 연구해 봐야 한다. 안 될 거란 생각은 금물이다. 평범한 취미로 백만장자가 된 주부들이 여기 있으니 말이다. 취미가 없더라도 자신이 어떤 일에 관심이 있는지, 무엇을 잘할 수 있는지 고민하다 보면 저절로 길이 열리게 마련이다.

평범한 취미를 비즈니스로 연결한 주부들

좋아하는 일만 열심히 해도
돈과 명예가 따르네요

단돈 12만 원으로 시작한 보디 케어 사업으로 갑부 됐어요! | *리사 프라이스*

색다른 분위기의 요가 수련원 만들었더니 수강생들이 몰리네요? | *킴벌리 윌슨*

강아지 때문에 시작한 애견 헬스클럽으로 백만장자 됐어요! | *에이미 니콜스*

아이들을 위한 유아원 체인으로 부자 될 줄이야! | *테레사 마티네즈 호팩커*

좋은 동화책을 모았을 뿐인데 억만장자 돼 있더군요! | *앤 루슬링*

단돈 12만 원으로 시작한
보디 케어 사업으로 갑부 됐어요!

Lisa Price

리사 프라이스 |
아로마 보디 케어 용품 업체 '캐롤의 딸 Carol's Daughter' 사장
www.carolsdaughter.com

리사 프라이스가 직장을 그만뒀을 때 수중에는 단돈 100달러밖에 없었다. 이 돈을 밑천으로 연간 수백만 달러의 매출을 올리는 보디 케어 업체 '캐롤의 딸'을 창립하게 될 것이라고는 어느 누구도 예상하지 못했다.

리사는 손에 쥔 돈은 없었지만, 천연 소재로 만든 아로마 보디 케어 용품에 대한 관심만 큼은 남달랐다. 이렇듯 그녀의 경쟁력은 자신이 좋아하는 일에 투신하여 더 나아지려고 꾸준히 애썼다는 점이다.

어렸을 때부터 유별났던 아로마 사랑

그 날은 고모의 결혼식이었다. 다섯 살이었던 그녀는 결혼식에서 플라워 걸을 맡게 되었다. 신부가 입장하기 전에 꽃잎을 뿌리며 식장에 들어가는 역할이었다.

그녀는 아침 일찍 할머니 댁에 갔다. 집 전체가 은은한 꽃향기로 가득 차 있었다. 결혼식 직전 그녀는 결혼식에 쓸 하얀 바구니를 건네받았다. 바구니 안에는 장미 꽃잎이 가득 들어 있었다.

어른들은 어린 리사에게, 음악이 울리면 결혼식장 가운데로 천천히 걸어 들어가 카펫을 따라가며 꽃잎을 바닥에 떨어뜨리라고 신신당부했다. 하지만 그녀의 귀엔 아무 말도 들리지 않았다. 꽃 냄새를 유난히 좋아했던 그녀는 바구니에 가득 든 붉은 장미 꽃잎 향기에 정신이 팔려 있었던 것이다.

드디어 결혼행진곡이 울려 퍼지기 시작했다. 어른들은 리사에게 신호를 보냈다. 그녀는 꽃잎을 떨어뜨리며 걷기 시작했다.

순간 식장에 앉아 있던 몇몇 사람들이 수군거렸다. 그녀는 걸음마다 꽃잎을 딱 한 개씩만 떨어뜨리고 있었던 것이다. 어른들은 그녀에게 손짓하며 한 움큼씩 꽃잎을 뿌리라고 소리 죽여 얘기했지만 그녀는 도무지 말을 듣지 않았다.

결혼식이 끝날 때까지 그녀는 바구니를 손에 꼭 쥐고 있었다. 누가 빼앗아 가기라도 하면 큰일이기 때문이다. 이 달콤한 장미 꽃잎의 향기를 더 오랫동안 맡고 싶었다.

그녀는 어릴 때부터 꽃향기를 유난히 좋아했다. 중고등학교 때에도 용돈을 받으면 예쁜 옷보다 꽃향기가 나는 향수나 오일을 먼저 샀다. 다른 사람이 향기 나는 오일을 선물해 주면 예쁜 병에 나눠 담았다. 그리고 기존에 모아 놨던 오일이나 향수와 섞어 봤다. 운 좋게 배합이 잘 되면 놀랄 정도로 향긋한 향수가 탄생했다.

그녀는 자신이 직접 만든 향수를 다시 작은 병에 나누어 담아, 특별한 날마다 친구나 가족들에게 선물했다. 받은 사람들은 누구나 그 독특한 향기를 좋아했다.

이런 취미는 대학 졸업 후 직장생활을 하면서도 사라지지 않았다. 그녀는 이제 틈틈이 만들어 낸 향수를 벼룩시장에 내다 팔기도 했다.

아로마 보디 케어에 인생을 걸다

대부분의 평범한 가정이 그렇듯 그녀도 결혼 후 남편의 월급만으로는 살아가기가 빠듯하다는 걸 절실히 느꼈다. 두 아이가 태어나자 살림은 더 어려워졌다.

살림에 조금이라도 보탬이 되기 위해 그녀는 처녀 시절 다녔던 케이블 TV 방송국에 나가기 시작했다. 하루 열여섯 시간씩 일해야 하는 고된 직장이었지만, 살림은 전혀 나아지지 않았고 아이를 돌볼 시간만 부족할 뿐이었다. 그녀는 직장을 그만두고 아이들과 집에서 지내고 싶은 마음이 간절했다. 무언가 돌파구가 필요했다. 특히 집에서 할 수 있는 일이라면 더 좋을 것 같았다.

그녀는 고민 끝에 향수에 승부를 걸기로 결심했다. 어릴 때부터 그토록 좋아했던 것이니 만큼 새로운 향수를 개발해 판매하는 데 나머지 인생을 걸어도 후회가 없을 것 같았다. 설혹 성공하지 못하더라도 좋아하는 일을 하는 것이기 때문에 상관없다는 생각도 들었다. 더구나 향수를 만드는 일은 하루에 몇 시간만 투자하면 되니까, 아이들이 자신을 필요로 할 땐 언제나 옆에 있어 줄 수 있어 더욱 좋았다.

그녀는 과감히 직장을 그만뒀다. 당시 갖고 있던 돈은 겨우 100달러. 하지만 전혀 두렵지 않았다. 이 돈을 밑천으로 그녀는 '캐롤의 딸'이란 이름의 보디 케어 회사를 세웠다. 캐롤은 그녀의 친정어머니 이름이었다. 어머니의 이름으로 당당히 살고 싶다는 그녀의 작은 소망을 회사명에 담았던 것이다.

사실 가진 돈도 없이 사업을 시작한다는 것은 굉장한 도박이었다. 하지만 그녀는 본능에 가까운 직감에 모든 것을 걸기로 했다. 무언가 자신이 좋아하는 일에 끊임없이 열정을 쏟다 보면 언젠가는 성공하게 될 것이란 예감이 들었다.

예감은 들어맞았다. 그녀가 집에서 만들어 낸 향수와 비누 등의 천연 아로마 제품을 써 본 사람들은 단박에 반해 버렸고, 오랜 세월이 흘러도 변함없는 고객이 됐다. 100달러로 시작한 지 9년 만에 그녀는 200만 달러의 판매 실적을 올렸다.

물론 사업을 하면서 좋은 일만 있었던 것은 아니다. 은행에서 대출을 받지 못해 어쩔 수 없이 신용카드로 현금 서비스를 받아썼던 게 화근이 되어 파산선고를 받은 적도 있었다.

3년에 걸쳐 빚을 모두 갚은 후에야 사업을 재개할 수 있었던 그 시절을 회상하며 그녀는 이렇게 말한다. 그런 실수가 있었기에 더욱 탄탄한 기업을 꾸려갈 수 있었노라고.

사업을 하며 달라진 내 인생
그녀는 무슨 일이든 엄격하고 완벽하게 처리한다. 작은 것 하나라도 마음에 들지 않으면, 밤을 새워서라도 고쳐야만 직성이 풀릴 정도다.

한번은 직원 한 명이 향수병에 상표를 비뚜름하게 붙인 적이 있었다.

하지만 보통 사람들이 봤을 때엔 전혀 차이가 느껴지지 않을 정도로 미미한 실수였다. 그녀는 아무 말 없이 상표들을 모조리 뜯어내고 일일이 다시 붙였다. 사장의 그런 행동을 본 직원은 자존심이 상해 한껏 비아냥거리는 투로 한마디 던졌다.

"사장님이 붙인 상표가 제가 한 것과 무슨 차이가 있죠?"

일을 제대로 하지 않은 것에 대해 꾸중을 하기는커녕 모든 실수를 자신이 바로 잡았는데도, 오히려 따지고 들다니! 순간 그녀는 자신도 모르게 격분했다.

"뭐든 하려면 제대로 하란 말이야!"

자제할 새도 없이 험한 말이 튀어나왔다. 그때 했던 말을 그녀는 두고두고 후회하고 있다. 커다란 잘못을 저지른 것도 아닌데 직원에게 괜히 상처만 안겨 줬던 것이다.

이 일을 계기로 그녀는 같은 실수를 두 번 다시 반복하지 않으려 노력하고 있다.

하지만 확실히 잘못 처리된 일이나 반드시 고쳐야 할 일에 대해서는 분명하게 선을 긋는다. 과감한 조치가 필요한 때도 있기 때문이다. 맡은 일을 제대로 못하는 직원은 해고시킬 수 있는 배짱도 생겼다.

원래 그녀는 남한테 싫은 소리나 기분 나쁜 말은 한마디도 못하는 성격이었다. 하지만 사업을 하다 보니 성격은 물론 인생 자체가 달라지기 시작한 것이다.

가끔 소비자들의 불만을 접수할 때도 처음엔 심한 상처를 받고 울기 일쑤였다. 하지만 이젠 더 이상 그러지 않는다. 제품에 관한 문제가 제기되면 일단 감정을 저 멀리 제쳐 놓는다. 그 대신에 소비자의 불만이 타당한 것인지, 그렇다면 문제를 어떻게 해결해야 하는지에 대해 먼저 생각한다.

가장 좋아하는 일을 하면서, 또 그 일을 사업으로 발전시키면서 그녀는 하루하루 달라지는 또 다른 자신의 모습을 보며 오늘도 열심히 살고 있다. 당당한 회사로 성장했지만 그녀는 아직도 집 지하실에서 비누와 향수를 만들고 있다. 소중한 가족과 함께할 시간을 더 많이 갖기 위해서다.

▌리사 프라이스의 성공 포인트 3가지

1. 어릴 때부터 관심 있었던 아로마를 사업으로 연결시켰다.
2. 없는 돈을 가장 효율적으로 활용하는 법을 알고 있었다.
3. 사업 성공 후에도 자신을 발전시키기 위해 계속 노력하고 있다.

색다른 분위기의 요가 수련원 만들었더니 수강생들이 몰리네요?
Kimberly Wilson

킴벌리 윌슨 |
요가 수련원 '조용한 공간 Tranquil Space' 원장
www.tranquilspace.com

대학 졸업 후 우연히 요가를 접하고 심취하게 된 킴벌리 윌슨은 다니던 직장도 그만두고 본격적으로 요가 사업에 뛰어들었다.
엄격하고 딱딱한 여느 수련원과 달리 편안하고 자연스런 분위기를 만든 결과, 수강생 여덟 명에 불과했던 소규모 수련원에서 이제는 매주 새로 등록하는 인원만 600명이 넘는 대형 수련원으로 성장했다.
자신이 좋아하는 일을 꾸준히, 열정적으로 추진해 온 결과였다.

인생의 막다른 골목에서 만난 요가

대학 졸업 후 그녀는 무슨 일을 해야 할지 막막했다. 일자리도 쉽게 찾을 수 없었다. 그렇다고 아무 데나 들어가 허드렛일부터 시작하고 싶은 생각은 없었다. 잠시 머리를 비우기 위해 3개월간 유럽 여행도 다녀오고 관광지에서 아르바이트를 하며 스키도 열심히 탔지만, 아무 소용이 없었다. 방황 기간은 점점 길어지고 있었다.

그녀가 요가 수련원을 처음 찾은 것은 단순한 호기심 때문이었다. 동양적인 문화가 매력적으로 다가온데다 음악이나 동작들이 마냥 신비하게만 느껴졌다. 하지만 요가를 배울수록 마음이 안정되는 것을 느꼈다. 그때부터는 틈만 나면 요가 수련원에 들르게 됐다.

마음의 평화를 찾은 그녀는 워싱턴에 있는 변호사 사무실에 취직했다. 변호사 업무를 보조하는 일이었다. 직장 생활을 하는 동안 법에 대해 많이 알게 됐고 재미도 느꼈다. 또 일을 잘한다는 칭찬도 자주 들었다. 하지만 그녀는 늘 마음 한구석이 허전했다. 그녀의 인생엔 지금 하는 일보다 더 흥미진진하고 가치 있는 일이 있을 것만 같았다.

어느 날 요가를 하던 중 그녀는 자신이 가장 좋아하고 잘할 수 있는 일이 요가란 사실을 깨달았다. 회사를 그만두기로 마음먹었다. 하지만 변호사 사무실은 대학 졸업 후 취직한 첫 번째 직장이었다. 아무런 문제가 없는 상황에서 이곳을 떠나 새로운 일을 시작하려니 불안감과 두려움이 몰려왔다.

사표를 내고 집에 돌아온 날, 그녀는 눈물을 흘렸다. 한참 울다 보니 아파트 관리인이 올라와 있었다. 자신도 모르는 사이에 울음소리가 커졌고, 놀란 옆집 사람이 신고했던 것이다. 관리인을 돌려보낸 후 그녀는 거울 앞에 섰다. 온통 새빨개진 얼굴에 눈이 퉁퉁 부은 낯선 얼굴의 여자가 자신을 들여다보고 있었다.
"그래, 내가 진짜 좋아하는 걸 하자. 그러면 평생 즐기면서 일할 수 있을 거야."

그녀는 일부러 더 자신만만하게 소리쳐 봤다. 목소리를 높여 다시 한 번 되풀이했다. 한껏 울어서 그런지 답답했던 가슴이 시원해져 있었다. 자신감이 생기는 것 같았다.

다음날 그녀는 캘리포니아 행 비행기에 올랐다. 요가 강사 훈련을 받기 위해서였다. 무려 200시간이나 되는 엄격하고 까다로운 과정이었지만 전혀 힘들게 느껴지지 않았다. 자신이 좋아하는 일을 하기 위한 과정으로 생각했더니, 오히려 마음이 즐거워졌다.

왜 요가 수련원은 엄격하고 딱딱하기만 할까?

훈련을 마치고 고향으로 돌아온 그녀는 이제 요가 수련원을 열기로 했다. 다른 수련원의 분위기를 알아보기 위해 여러 곳을 돌아다닌 결과, 이상한 점이 발견됐다. 대부분의 수련원이 수강생들에게 고도의 수련을 요구하고 있었고, 지나치게 딱딱하고 엄격했다. 어떤 곳은 동양의 새로운 무술을 가르치는 것처럼 생각될 정도였다. 일단 안으로 들어서면 되도록 말을 하지 않아야 하고 꼭 필요한 경우라도 최대한 소리를 낮춰야 하는 것은 물론, 심지어는 발소리조차 낼 수 없게 아예 규칙으로 정한 곳도 있었다. 더구나 강사들은 남자인 경우가 많았다.

그녀는 좀 다른 분위기에서 요가를 가르치고 싶었다. 엄숙함에서 벗어나 자유롭고 편안한 분위기를 만드는 것이 그녀의 목표였다. 요가는 마음을 다스리는 것이다. 마음이 편해야 몸도 편안해진다. 어린이나 노인, 초보자들도 가벼운 마음으로 요가를 배울 수 있도록 만들어야겠다고 그녀는 결심했다.

수련원의 이름도 '조용한 공간'으로 지었다. 힘들고 지친 사람들이 요가를 배우며 마음의 평화를 찾고 조용한 휴식을 취했으면 하는 바람을 이름에 담았던 것이다. 수련원은 자신이 사는 아파트 거실을 이용했다. 시끌벅적 거창하게 시작하는 것보다 친구네 집에 온 것 같은 친근감을 주고 싶었기 때문이다. 그녀는 신문에 광고를 내지도 않았다. 대신 손으로 정성껏 쓴 광고 전단을 동네 곳곳에 붙였다. 전단의 내용은 간단했다. 친구처럼 편안하고 격의 없는 분위기 속에서 요가를 익혀 보라는 것이었다.

한 명, 두 명씩 수강생들이 모여들었다. 그녀는 오랜만에 만난 친구처럼 따뜻하게 그들을 맞았다. 수강료는 당분간 받지 않기로 했다. 사람들이 돈을 내고 싶은 생각이 저절로 들 때, 내도록 했다. 몇 명 되지 않는 수강생들에게 돈을 받는 것보다 이곳의 아늑한 분위기를 느끼고 좋은 이미지를 갖도록 하는 게 더 중요했다.

요가 수련이 끝나면 수련생들과 차와 쿠키를 나누며 차분한 대화를 가졌다. 처음 찾아온 사람들은 조용하고 명상적인 분위기에 빠져들었다. 편안한 분위기 탓인지 여성이나 노인들이 많이 찾아왔다. 다른 사람에게 방해만 되지 않는다면, 아이들을 데려와도 탓하지 않았다.

번거로운 등록 절차도 따로 만들지 않았다. 다만 수련 시작 15분 전에 도착해서 옷 갈아입을 시간을 가져야 한다는 것이 그녀가 정한 유일한 규칙이었다. 1년 동안 그녀의 거실은 훌륭한 수련원이 되었다. 그녀에게 요가를 배운 사람들은 다른 곳으로 옮기지 않았다.

벌어들인 돈은 다시 사회로 환원해야죠!

입소문을 타고 찾아오는 사람들이 계속 늘어났다. 1999년 10월 처음 시작할 때만 해도 여덟 명에 불과했던 수강생의 숫자가 점점 많아져 수련원을 옛 교회 건물 지하실로 옮겼다. 새로운 강사들을 고용하고 사무직원도 채용했다. 2년쯤 지나자 이곳도 다시 포화 상태가 됐다. 이번엔 2층짜리 건물을 임대해 이사했다.

어느새 그녀의 수련원은 매주 600여 명의 새로운 수련생들이 등록할 만큼 비약적으로 성장했다. 그녀는 수련생들을 단계별 45개 반으로 나눠서 가르쳤다. 강사들은 모두 60명으로 늘어났다. 부족한 사무직원은 자원자들로 보충했다. 자원자들은 요가를 무료로 배울 수 있게 배려했다. 사업계획서 한 장 없이 시작한 요가 수련원은 어느새 워싱턴 최대 규모로 성장했다.

현재 그녀는 수련원 외에도 요가 할 때 편안하게 입을 수 있는 티셔츠와 바지 등을 파는 요가복 전문점을 운영하고 있으며, 요가 CD도 제작 판매하고 있다. 곧 책도 출판할 예정이다. 또한 그녀는 벌어들인 돈의 일정액을 사회단체에 정기적으로 기부하고 있다. 많은 사람들이 관심을 갖고 도와준 사업인 만큼 사회로 다시 환원하는 게 옳다는 생각에서다.

> ## Tip 요가가 정말 건강에 좋을까?
>
> 미국 하버드대의 허버트 벤슨 박사는 모든 병의 60~90%가 스트레스와 관련 있다고 말한다. 실제로 심장질환, 고혈압, 우울증, 만성통증, 불임, 발기불능, 당뇨 등은 스트레스로 증세가 악화된다.
> 스트레스를 받으면 호흡이 가빠지고 혈압이 높아진다. 하지만 요가로 마음을 안정시키면 호흡이 25% 가라앉고, 산소 소비량은 17% 떨어진다. 또 혈압도 낮아지고 심장박동수도 줄어든다. 마음이 몸을 지배하게 되는 것이다.

킴벌리 윌슨의 성공 포인트 3가지

1. 인생에서 가장 중요한 것은 자신이 좋아하는 일을 하는 것이라고 생각했다.
2. 사람들이 편안한 분위기에서 요가를 즐길 수 있도록 배려했다.
3. 초심을 잃지 않고 사회 환원으로 이익을 나누고 있다.

강아지 때문에 시작한 애견 헬스클럽으로 백만장자 됐어요!

A m y   N i c h o l s

에이미 니콜스 |
고급 애견 헬스클럽 창립자
http://www.happytailsdogspa.com

강아지를 좋아하는 에이미 니콜스는 애견과 관련된 사업을 하기 위해 직장도 그만뒀다. 사업 자금이 없어 은행을 전전하던 끝에, 일곱 번째 찾아간 곳에서 겨우 대출을 받아 애견 헬스클럽을 열었다. 뭇사람의 예상을 깨고 이곳은 개장 6주 만에 고객 140명을 확보했고, 현재는 미국 전역에 200여 곳의 애견 헬스클럽을 운영하고 있다. 자신처럼 개를 좋아하는 사람들은 애견을 위해 돈 쓰는 걸 아까워하지 않을 거란 예상이 맞아떨어졌던 것이다.

든든한 직장을 그만두고, 애견 사업을 한다고?

점심시간이었다. 그녀는 식사도 하지 않고 거리를 걷고 있었다. 요즘 같은 때엔 입맛도 없었다. 그녀가 몸담고 있는 이동통신업계에는 한창 감원 열풍이 몰아치고 있었다. 불과 1년 전만 해도 워싱턴 지역에서만 무려 2만 명이 해고됐다. 같은 업계에서 일하던 남편은 이미 직장을 잃었고, 자신도 언제 구조조정 될 지 알 수 없는 상황이었다.

아무 생각 없이 길을 걷고 있던 그녀의 눈에 애견센터가 들어왔다.

"맞아. 내가 하고 싶은 일은 개와 함께 하루를 지내며 돈도 버는 거야."

그녀는 며칠 뒤 직장을 그만뒀다. 동료들은 깜짝 놀랐다.

"다른 직장을 구해 놓고 사표를 내는 거지?"

"아니, 개들과 함께 할 수 있는 일을 구상 중이야."

동료는 어이가 없다는 표정으로 사라졌다. 누가 뭐라고 하던 그녀는 개의치 않았다. 그동안 조직사회에서 치열하게 경쟁한 것만으로도 직장생활은 이미 충분했다. 이젠 자신을 위해 정말 좋아하는 일을 할 차례였다.

이때부터 그녀는 개와 관련된 사업을 생각하기 시작했다. 처음엔 부유층을 대상으로 한 애견센터를 생각했지만 성공하기 어려울 것이라는 판단을 내렸다. 이미 많은 애견센터가 있어 경쟁이 치열했기 때문이었다. 돈 많은 애완견 주인들을 대상으로 할 수 있는 새로운 사업은 없을까? 그녀는 거의 매일 자료를 찾으며 아이디어 구상에 몰두했다.

애견 헬스클럽으로 부유층 고객을 잡아라!

돈이 많은 주인들은 애완견을 위해 아낌없이 투자한다. 하지만 워낙 바쁘다 보니 애완견과 재미있게 놀고 운동도 하면서 스트레스를 풀어 줄 여유가 없다. 이런 경우 개들도 사람들처럼 뚱뚱해져 각종 질병에 걸리기 쉽다. 여기에 착안한 그녀는 개들을 위한 헬스클럽을 만들어 주인과 함께 신나게 놀 수 있도록 해야겠다고 생각했다.

그녀는 우선 애견 주인들의 마음을 알아보기로 했다. 인터넷 채팅을 통해 많은 애완견센터 주인들과 대화를 나눴다. 또 애완견 주인들을 대상으로 가장 필요한 것이 무엇인지에 대한 설문 조사도 해 보았다. 이런 과정을 통해 그녀는 애완견 헬스센터에 대한 잠재적 수요를 확인할 수 있었다.

이제 그녀는 부족한 사업 자금을 빌리기 위해 은행을 찾았다. 찾아가는 은행마다 번번이 대출을 거부했다. 은행 직원은 애견 헬스센터 자체를 이상하게 생각했다. 다섯 번째 은행에서조차 거절당하자 이젠 꼭 대출을 받고 말리란 오기까지 생겼다.

여섯 번째 은행에서도 대출을 거절당했다. 자신의 창업 구상에 대해 100% 확신하고 있던 그녀였지만, 이렇게 푸대접을 받고 보니 좌절감이 밀려왔다. 그녀는 며칠 동안 다시 한 번 자신의 생각을 정리해 봤다. 과연 무리한 사업 구상인지, 은행 직원들의 말대로 성공 가능성이 전혀 없는 사업인지 따졌다. 아니란 생각이 들었다. 그녀는 다음날 일곱 번째 은행을 방문했다. 다행히 그곳에서는 대출 지원서를 접수해 주었다.

애견들을 위한 낙원을 만들었더니, 돈이 그냥 들어오네요!

2002년 6월, 그녀는 부유층이 많이 사는 지역에 애견 헬스클럽 1호점을 열었다. 실직 후 딱히 직장을 찾지 못했던 남편도 그녀를 도왔으며, 옛 직장에서 해고된 동료를 비롯한 일곱 명을 직원으로 채용했다.

돈이 있는 개 주인들을 겨냥한 곳이니만큼 고급 호텔 못지않은 시설을 갖춰야 했다. 실내외 놀이터, 운동실, 풀장, 장난감이 가득한 놀이실, 낮잠 자는 방, 숙박 시설 등 없는 게 없다. 운동이 끝나면 개를 목욕시키고 이빨도 닦아 준다. 개들이 낮잠 자는 방의 천장에는 구름이 그려져 있다. 개들은 구름을 바라보며 몽상에 잠겨 낮잠 자기를 즐기기 때문이다.

애견 헬스클럽은 단순히 개들이 목욕하고 뛰어노는 곳만은 아니다. 주인들이 애완견을 맡겨 놓고 직장에 가거나 출장을 갈 수 있도록, 애견 탁아소 역할도 한다. 주인이 없어도 개들은 이곳에 온 다른 개들과 함께 각종 놀이 시설을 이용하며 하루 종일 신나게 놀 수 있다.

그녀는 애완견 탁아소에 등록하는 개에 한해 인터뷰 심사를 거치도록 했다. 지나치게 사납거나 너무 순종적인 개는 등록이 거부된다. 다른 개들이 쾌활하게 뛰어놀 수 있는 분위기를 해칠 수 있기 때문이다. 시험을 통과한 개는 크기와 성격에 따라 몇 개의 놀이 그룹으로 나뉜다.

사업을 시작하기까지 우여곡절이 많았지만, 좋아하는 일을 하면 반드시 성공할 거란 예상은 들어맞았다. 그녀는 오늘도 애견 헬스클럽 안에 어떤 시설을 들일 것인지, 애견을 위한 새로운 프로그램은 없을지 고민하며 행복한 하루를 시작한다.

▌에이미 니콜스의 성공 포인트 3가지

1. 자신이 좋아하는 애견들을 위해 특별한 사업 아이템을 떠올렸다.
2. 남들이 인정해 주지 않는 사업이었지만, 좌절하지 않고 끝까지 노력했다.
3. 헬스클럽을 개들이 가장 편안하게 뛰어놀 수 있는 공간으로 만들었다.

아이들을 위한 유아원 체인으로 부자 될 줄이야!

Theresa Martinez Hoffacker

테레사 마티네즈 호팩커 | **대형 유아원 체인 원장**

테레사 마티네즈 호팩커는 아이를 키우는 주부 입장에서 맞벌이 부부가 많은 이웃집 아기가 사망한 데 대해 일말의 책임감을 느꼈다.
그리고 부모들이 안심하고 아이를 맡길 수 있는 유아원을 세워야겠다고 마음먹고 이를 실행에 옮겼다.
자본금이 없어 고생한 적도 있지만, 자신의 뜻대로 부모들과 아이들 모두 좋아하는 유아원을 만들었으며, 성공한 후에는 불우한 어린이를 돕기 위해 최선을 다하고 있다.

구박받는 아이들을 위해 할 수 있는 건 없을까?

그녀는 미국 남서부에 사는 평범한 주부였다. 남편은 주립공원 경비원으로 일하고 있었다. 아이들은 아직 어렸다. 그녀는 생활비를 한 푼이라도 벌기 위해 일주일에 몇 시간씩 동네 가게와 주유소 카운터에 나가 일했다.

하루는 그녀가 일하는 가게에 젊은 부부가 낚시 도구를 사러 왔다. 아내가 안고 있는 아기는 신음을 계속 내고 있었지만 여자는 개의치 않았다. 그녀가 병원에라도 가야 하는 게 아니냐고 걱정의 말을 건네도 시큰둥한 반응이었다.

"제가 잠깐만 아기를 안아 볼까요?"

여자는 이상하다는 표정으로 아기를 넘겨줬다. 그녀는 아기를 가슴에 꼭 안고 소곤소곤 달랬다. 아기는 곧 신음을 멈췄다. 젊은 부부는 40도를 웃도는 한여름인데도 낚시를 한다며 필요한 장비를 계산하고 사라졌다. 그녀는 걱정스런 눈빛으로 부부의 뒷모습을 쳐다봤지만, 다른 손님들을 상대하느라 방금 전의 일을 까맣게 잊고 말았다.

그리고 며칠 후 그녀는 놀라운 소식을 들었다. 젊은 부부가 데리고 왔던 아기가 숨졌다는 것이다. 가슴이 철렁 내려앉았다. 몸이 불편한 아기를 데리고 뙤약볕 속에 낚시질을 하러 간다고 했을 때 말려야 했다는 자책감이 들었다. 생각해 보면 종종 그런 무책임한 부모들이 있었다. 어떤 때엔 아이가 버릇없이 군다는 이유로 쥐어박거나 욕설을 퍼붓는 사람도 있었다. 그녀는 언젠가는 부모들에게 구박받는 아이들을 위해 뭔가 해야겠다고 다짐했다.

얼마 후 남편은 고향 마을에 직장을 잡았다. 그녀는 유치원 교사가 되어야겠다고 생각했다. 우선 유아원에 들어가 일을 배우기로 했다. 하지만 석 달 만에 그만두고 말았다. 유아원 보모들이 아이들을 마구 다룬다는 생각이 들어서였다. 그런 사람들과 함께 일하고 싶은 마음은 눈곱만큼도 생기지 않았다.

아이들에게 꼭 맞는 유아원으로 만들었어요!
그녀는 야간 대학의 유아교육학과에 입학했다. 낮에는 직장에 나가고 저녁에는 잠시 아기를 돌보다가 부랴부랴 학교에 나가곤 했다. 아주 피곤한 생활이었다. 그러는 동안 신문에서 유아원을 판다는 광고를 봤다. 그녀는 꼭 인수하고 싶었다.

하지만 돈이 없었다. 2주일이나 고민하던 그녀는 유아원으로 전화를 걸어 봤다. 유아원을 팔려는 이유가 무엇인지 사연이나 들어볼 생각이었다. 유아원을 내놓은 사람은 부동산 업자였다. 그는 처음부터 유아원을 운영할 생각이 없었다. 친구 사이였던 전 소유주가 이혼하면서 반강제로 유아원을 떠넘겼던 것이다.

현금은 없었지만 그녀에겐 아버지가 물려 준 땅이 있었다. 부동산 업자는 그 땅과 유아원을 맞바꾸자고 제안했다. 유아원을 운영하고 싶었던 그녀는 받아들였다. 유아원 한쪽에 있는 주택을 사용할 수도 있으니 집 문제가 해결되어 일석이조였다.

다음엔 교사 채용에 신경 썼다. 신뢰할 만한 사람들을 골라 신중하게 채용했다. 아이들을 친자식처럼 잘 보살필 수 있도록 각별히 관리했고, 야간대학에서 배웠던 새로운 방식들을 적용해 나갔다. 하지만 초기엔 어려웠다. 원생이 몇 명 안 돼 교사들의 월급과 운영 경비를 제하고 나면 남는 돈이 거의 없었다.

하지만 그녀는 당분간 돈 버는 데엔 집착하지 않기로 마음먹었다. 돈벌이에 급급해 아이들에게 소홀하면 오랫동안 운영할 수 없을 거라 생각했다. 대신 유아원의 질을 높이고 개선된 프로그램이 없는지 항상 연구해 나갔다.

시간이 흐름에 따라 아이들을 보내겠다는 부모들이 자꾸 늘어났다. 어떤 부모들은 '제발 우리 아이를 그 유아원에서 받아 주세요'라는 내용의 탄원서까지 내면서 애걸하는 경우도 있었다. 하지만 그녀가 운영하는 유아원은 최고 열두 명만 받아들일 수 있도록 규정돼 있었다. 정원을 더 늘리려면 다른 지역에 체인을 개설하는 수밖에 없었다.

자꾸만 늘어나는 유아원 체인

어디에 유아원 체인을 낼까 고민하던 그녀에게 반가운 소식이 전해졌다. 폐쇄된 학교 건물을 세놓으려던 주인이 좋은 조건으로 임대해 주겠다고 나섰던 것이다. 거액의 계약금이 없어도 임대는 물론 수리까지 해 주겠다니 그보다 더 좋을 수 없었다. 거의 버려졌던 건물이 아이들을 위한 새로운 보금자리로 꾸며졌다. 하지만 이곳 역시 얼마 안 돼 아이들로 꽉 찼다.

세 번째 체인을 알아보기 위해 부동산을 찾던 중 그녀는 쇼핑몰에 큰 사무실이 비어 있다는 정보를 전해 들었다. 그녀는 기뻤다. 쇼핑몰에 대형 유아원을 차리면 불우한 이 지역 어린이들에게 편안한 안식처를 줄 수 있기 때문이었다.

그녀의 유아원을 찾는 젊은 부모들은 대부분 가난했다. 거의 모두 맞벌이를 하고 있어 아이들을 안심하고 맡길 곳이 필요했지만, 일부 유아원들은 운영 상태가 좋지 않았다. 어떤 곳은 어린이들에게 하루 종일 TV를 틀어 주면서, 무조건 돈만 많이 챙겼다. 또 다른 곳은 아이들을 무조건 재우는 경우도 있었다.

그녀는 되도록 부모들에게 경제적 부담을 주지 않고 더 많은 아이들이 편안하게 놀 수 있는 유아원을 만들고 싶었다. 또한 흑인이나 멕시코인, 아시아인 등 소수민족 아이들도 모두 들어올 수 있게 만들어서 어린이들이 인종과 국적을 뛰어넘어 자유롭게 생활하기를 바랐다. 그러려면 유아원은 가급적 규모가 크고 임대료는 적어서 운영하는 데 큰 어려움이 없어야 했다. 다행히 건물 주인은 그녀의 진심을 알아줬다.

유아원에 아이들을 맡기는 부모들은 그녀를 전적으로 신뢰하고 따른다. 집안에 문제가 생기면 털어 놓고 같이 고민하기도 한다. 교사나 학부모의 관계가 아니라 가족과 같은 관계다. 아이들을 돌보는 일이 좋아 시작한 일이지만, 이들과 지내는 하루하루가 그녀에겐 세상에서 가장 보람 있고 행복한 시간이다.

Tip 사랑의 손길은 미숙아도 빨리 자라게 한다!

놀이터에서 아이가 넘어지면 엄마가 쏜살같이 달려가 번쩍 들어 안아 준다. 이 순간 엄마와 아이의 몸에선 옥시토신oxytocin이라는 호르몬이 분비된다. 옥시토신은 사람과 사람이 서로 접촉할 때 분비되는 호르몬으로 스트레스를 줄여주고 면역 능력을 강화시킨다. 엄마가 젖을 먹일 때도 옥시토신이 나와 모성애를 강화시킨다. 옥시토신이 모자라는 엄마는 아이를 학대한다고 한다.

조산아 병동에 누워 있는 미숙아들을 하루에 세 번 15분씩 부드럽게 마사지 해줘도 성장 속도가 50%나 빨라진다. 사랑이 담긴 피부 접촉만으로도 우리 몸에서는 세로토닌과 옥시토닌 등 온갖 이로운 호르몬의 분비가 늘어나기 때문이다. 엄마의 손길이 모자라는 아이들이 자주 아프고, 정서불안, 학습장애 등을 겪게 되는 것이 이상한 일만은 아니다.

테레사 마티네즈 호팩커의 성공 포인트 3가지

1. 이웃집 아기의 죽음을 그냥 지나치지 않고 자신이 할 수 있는 일에 대해 생각했다.
2. 돈벌이를 위한 수단이 아니라 아이들에게 도움이 되는 유아원으로 운영했다.
3. 학부모와 가족처럼 편한 사이를 유지하고 있다.

좋은 동화책을 모았을 뿐인데 억만장자가 돼 있더군요!

A n n   R u e t h l i n g

앤 루슬링 |
동화책 카탈로그 주문 판매 업체 창립자
www.chinaberry.com

가난 때문에 아이들에게 동화책을 마음껏 사 주지 못하는 게 가슴 아팠던 앤 루슬링은 틈나는 대로 아이를 위한 도서 색인 카드를 만들었다. 나중에라도 아이에게 꼭 읽게 하고 싶은 책의 목록을 정리해 나갔던 것이다.
어느 날 그녀는 도서 색인 카드가 다른 엄마들에게도 필요할 거라는 데 착안하여 어린이 책 사업에 뛰어들었다. 그녀가 창립한 '차이나베리 Chinaberry'는 연간 매출액 천만 달러의 우량 기업으로 자리 잡았다.

아이에게 좋은 책을 골라 목록을 만들기 시작했어요!

미국의 작은 산골 마을에 겨울이 왔다. 이 지역은 겨우내 비나 눈이 그치지 않았다. 폭설이 쏟아지면, 창문 높이까지 눈이 쌓이기 때문에 밖에 나갈 수 없었다. 어른들도 근질근질 몸이 쑤시면서 답답한데, 아이들은 더 지루하고 힘들기 마련이다.

그녀는 딸을 위해 동화책을 펼쳤다.『호박 먹는 피터』란 이야기가 실려 있었다. 딸에게 읽어 주다 보니 이상한 점이 눈에 띄었다. 주인공 피터는 호박을 잘 먹는 사람인데, 아내를 호박 껍질 속에 넣어 뒀다는 것이다. 딸은 피터의 아내가 왜 물건처럼 호박 속에 갇혀 있는지 궁금해 했다. 그녀는 이 책이 아이들에게 그릇된 여성관을 심어 주기 십상이라고 생각했다.

이번엔『구두 속에 사는 할머니』란 동화를 읽어 봤다. 구두 속에 사는 할머니가 아이들을 재우기 전에 흠씬 때려 줬다는 내용이 들어 있었다. 잔인한 표현이었다. 그녀는 딸이 눈치 채지 못하게 얼른 내용을 바꿔서, 할머니가 실컷 뽀뽀해 줬다고 읽어 줬다. 그나마 다행인 것은 아이가 아직 글을 읽지 못한다는 것이었다. 그녀는 다음부터는 딸에게 동화책을 읽어 주기 전에 미리 훑어보고 확인하는 습관이 생겼다.

아이들은 동화책을 무척 좋아했지만, 목수인 남편의 월급으로는 책 한 권 마음대로 사 주기도 어려운 처지였다. 그녀는 마을 도서관에 가서 책을 빌려 왔다. 읽을거리가 바닥나면 대도시의 도서관이나 서점을 찾았다. 갈 때마다 딸에게 어떤 책을 읽게 할지 꼼꼼하게 메모했다. 혹시라도 아이가 정서에 좋지 않은 책을 고르게 될까 봐 걱정됐기 때문이다.

또한 아이가 커 가면서 단계별로 읽으면 좋을 책들에 대해서도 적어 뒀다. 그녀는 유아교육에 대해 체계적으로 공부한 적은 없었다. 다만 엄마로서 딸에게 좋으리라 생각되는 책의 제목과 간단한 내용을 적은 색인 카드를 만들어 나갔을 뿐이다.

그렇게 시작한 색인 카드는 어느새 10센티미터 높이로 쌓였다. 이것을 보면서 그녀는 다른 부모들 역시 어린이 책 정보가 필요할 것이란 생각이 들었다.

'아이들에게 좋은 동화책만 골라 준다면 얼마나 고마워할까? 또 좋은 책들을 읽으며 자란 아이들은 심성도 고와질 것이고, 그렇게 되면 세상도 좀더 밝아질 게 아닌가? 사실 색인 카드를 만드는 데 얼마나 많은 시간과 공을 들였던가?'

그녀는 자신이 만들어 온 색인 카드를 혼자만 갖고 있기 아깝다는 생각이 들었다. 다른 부모들에게 보내 주면 그들은 그만큼 많은 시간과 노력을 덜 수 있는 것이다.

좋은 책 목록을 카탈로그로 만들어 판매한다면?

그녀는 남편에게 부탁해 책장 몇 개를 만들었다. 한쪽 구석에는 좋은 동화책 색인 카드를, 다른 쪽엔 색인 카드에 기록된 좋은 동화책들을 몇 권씩 모아 뒀다. 자신처럼 작은 시골 마을에 사는 부모들은 색인 카드만 받아 본다고 모든 문제가 해결되는 게 아니다. 책을 사 보기 힘들기 때문에 원하는 책을 함께 보내 주는 게 좋을 것 같았다. 부모들에게 동화책 색인 카드를 보내 주고 책도 판매하는 것이다. 이런 생각으로 그녀가 만든 회사가 바로 차이나베리였다.

처음으로 만든 카탈로그엔 총 116권의 책이 실렸다. 그녀는 어머니에게 돈을 빌려 400장을 인쇄했다. 육아 잡지에 광고를 내자 카탈로그와 책을 주문하는 사람들이 생기기 시작했다. 카탈로그는 무료로 보내 줬다. 처음엔 하루 한 사람 정도 주문하는 게 고작이었다. 주문하는 사람들은 대개 편지도 함께 보내왔다. 카탈로그만 읽어 봐도 굉장한 도움이 된다는 내용이었다. 앤도 반드시 답장을 보냈다.

사실 이 사업은 돈을 벌기 위해 시작한 것은 아니었다. 다른 부모들이 아이들을 위해 보다 좋은 책을 고를 수 있게 도와주기 위한 것이었다. 주문 받은 카탈로그와 책을 보내 주기 위해 자신의 돈을 털어 넣어야 하는 경우도 많았다.

그러던 어느 날 어머니가 위독하다는 연락이 왔다. 그녀는 당장 어머니에게 달려갔다. 그녀가 집을 비운 동안엔 남편이 카탈로그 보내는 일을 계속했다. 하루 평균 두 건 정도의 주문이 들어왔다. 남편은 부모들의 편지를 살펴보다가 이것을 본격적인 사업으로 벌여도 승산이 있을 것이란 생각을 하게 됐다.

베이비 붐 세대에게 가장 인기 있는 도서 목록 됐어요!

남편의 조언을 받아들인 그녀는 본격적으로 카탈로그 주문 사업을 시작했다. 1980년대 중반에 접어들면서부터 사업은 부쩍 활기를 띠었다. 베이비붐 세대가 낳은 아이들이 막 동화책을 읽기 시작하는 때였다. 주문이 점점 늘더니 그녀뿐 아니라 남편까지 일에 뛰어들어야 했고, 나중엔 직원 한 명까지 채용했다.

책을 쌓아 놓는 공간도 모자라 따로 창고를 지어야 했다. 이때부터 동화책 카탈로그 판매 사업은 불황을 잊은 채 꾸준히 성장했다. 차이나베리의 성공은 동화책 시장의 특성에 힘입은 바 크다. 부모들은 주머니 사정이 아무리 좋지 않아도 아이들에게 동화책만큼은 꼭 사 주고 싶어 하기 때문이다.

어느새 차이나베리는 세계적으로 유명한 회사가 됐다. 차이나베리의 카탈로그에 들어 있는 동화책들은 안심하고 아이들에게 읽게 해도 좋은 책이라는 이미지가 생겨났다. 자기 아이에게 좋은 책을 골라 읽게 하는 것처럼 다른 부모들에게도 좋은 책을 전해 주고자 했던 그녀의 순수한 마음이 여러 부모들에게 전해진 것이다.

산골 마을에서 동화책 살 돈이 없어 쩔쩔매던 그녀는 이제 좋은 집에서 고급차를 몰며 살게 됐다. 아이들이 좋아하는 동화책을 찾는 일이 재미있어 목록으로 만들다 보니, 어느 순간 억만장자가 된 것이다. 미국의 유명한 일간지 『시카고 트리뷴』은 그녀에게 '동화책 세계의 요정 같은 대모'라는 애칭을 선사하기도 했다.

Tip 동화책은 보약, TV는 독약?

아이들에게 TV를 최대한 멀리하게 하고 책을 많이 읽어 줘라! 그래야 가장 빠른 속도로 지능이 발달한다. 왜 그럴까? 미국 소아과학회의 설명은 이렇다.

첫째, TV 시청은 두뇌에는 지극히 일방적이면서 수동적인 행위다. TV를 시청할 때는 두뇌 활동이 사실상 정지된다. TV를 볼 때보다 오히려 잠을 잘 때 두뇌가 활발하게 활동한다. 두뇌 성장이 가장 왕성한 시기에 TV 시청으로 두뇌 자극이 차단되면 머리가 나빠질 수밖에!

둘째, TV 화면은 지극히 즉각적이고 상황 전개가 짧다. 단발적이고 표피적인 자극에 익숙해진 두뇌는 독서를 기피하게 된다. 독서는 긴 사고력과 상상력을 요하기 때문이다.

앤 루슬링의 성공 포인트 3가지

1. 엄마의 입장에서 아이가 좋아하는 동화책에 관심을 기울였다.
2. 자신이 만든 도서 목록을 다른 엄마들과 나누는 게 좋을 거라고 판단했다.
3. 고객들이 언제나 믿을 만한 도서 목록을 만들기 위해 최선을 다했다.

획일화된 현대사회에서, 사람들은 남과 다른 상품을 쓰고 남과 다른 모습으로 살아가는 라이프스타일을 꿈꾼다. 옷 하나를 사더라도 신선하고 세련된 디자인과 색상을 선호하게 마련이다. 하지만 실제로 차별화된 제품을 만들기란 여간 어려운 일이 아니다. 세계 어느 곳엔가 비슷한 것이 존재할 수 있기 때문이다. 그럼에도 두려워하지 않고 자신만의 개성을 담은 제품으로 백만장자가 된 주부들이 여기 있다.

틈새시장 공략으로 성공한 주부들
남들과 똑같은 건 절대 사절!

주부들을 위한 안성맞춤 주방용품 만들어 8천억 원 벌었어요! | 도리스 크리스토퍼

남들과 다른 디자인의 선물 바구니를 기업체에 납품하고 있어요 | 아드리아나 코페이시누

단짝 친구와 함께 만든 특별한 짐 가방으로 백만장자 됐어요! | 바바라 백가드 & 패트리샤 밀러

가족처럼 편안한 심부름 업체 만들었더니 회사 규모가 커지네요 | 줄리 하겐마이어

개성 있는 도자기 세트 만들었더니 억만장자가 됐어요! | 빅토리아 맥켄지-차일즈

주부들을 위한 안성맞춤 주방용품 만들어 8천억 원 벌었어요!

D o r i s   C h r i s t o p h e r

도리스 크리스토퍼 |
주방용품 회사 '팸퍼드 셰프 Pampered Chef' 창립자
www.pamperedchef.com

자신의 집 지하실에서 사업을 시작한 도리스 크리스토퍼는 7년 만에 매출액 100만 달러를 돌파했고, 대형 건물로 회사를 옮겼다. 회사가 유명세를 타자, 가사 전문 잡지인 『패밀리 서클 Family Circle』은 도리스의 이색 키친 쇼에 대한 기사를 실었다. 이후 그녀의 주방용품을 찾는 사람은 더욱 급증했다. 그녀가 세운 팸퍼드 셰프는 현재 미국뿐 아니라 캐나다, 영국, 독일 등에 진출해 있으며, 직원 1,100명, 판매원 7만1천 명, 연간 매출액 7억 달러의 거대 기업으로 성장했다.

중학교 교사가 주방용품 회사 차릴 줄은 정말 몰랐어요!

대학 졸업 후 그녀는 중학교 가정경제 교사로 일했다. 교사일은 직업이기도 했지만, 보람도 함께 주었다. 막 사춘기에 들어선 여학생들을 가르친다는 게 그녀는 더할 나위 없이 즐거웠다. 하지만 결혼 후 아이가 태어나자 그녀는 교사직을 그만두고 8년 동안 아이들을 키우며 살림에 매달려야 했다. 1970년대까지만 해도 미국의 주부들은 아이를 낳으면 회사를 그만두는 게 상식이었다.

하지만 막내가 유치원에 들어가고 나자 다시 일을 하고 싶다는 열망이 모락모락 피어올랐다. 여러 곳에 이력서를 내놓고 초조하게 기다리던 어느 날, 한 대학교에서 연락이 왔다. 대학 부설 연구소에서 강의를 해 달라는 것이었다.

그 대학은 인근 농민들을 대상으로 농업이나 원예, 가정경제 등의 강좌를 열고 있었다. 지역사회를 위해 사회봉사 차원에서 진행하는 강좌였다. 배움에 목말라 하던 농민들은 대학생들보다 더 열성적이었다.

"선생님, 그러니까 사과는 절대로 다른 과일과 함께 보관하지 말라는 얘긴가요?"

"가급적 따로 비닐봉지에 넣어 보관하는 게 좋아요. 다른 과일이 빨리 시들거나 상하지 않도록 하려면……."

"사과는 왜 다른 과일을 빨리 상하게 하죠?"

"아까 얘기했지만 사과는 에틸렌이라는 가스를 많이 발산하거든요. 바로 식물을 노화시키는 가스예요. 그러니까 사과를 보관할 땐 봉지에 따로 넣어 냉장고에 넣어 두는 게 최고예요."

대부분 대학 교육의 기회를 가져 보지 못한 사람들이었던 때문이었을까? 해를 거듭할수록 그녀의 보람도 커져 갔다.

하지만 강좌가 끝나자 그녀는 다시 집에 들어앉게 됐다. 뭔가 다른 직업을 갖고 싶었다.

사업을 하고 싶었지만, 자본금이 없었다. 목돈 없이 시작할 수 있는 일이 없을까, 그녀는 계속 고민했다. 요리를 만들어 배달하는 사업에서부터 요리 학원을 차리는 일까지 갖가지 아이템이 떠올랐다. 하지만 어느 것도 마음에 들지 않았다.

결국 그녀는 고급 주방용품 판매 사업을 벌이기로 했다. 주부들에게 가장 편리한 주방용품을 판매하면서 동시에 가장 간편한 조리법도 가르쳐 주는 사업이었다. 10여 년간 쌓아 온 주부로서의 노하우와 가정경제 교사 경력을 조화시키면 뭔가 잘될 것 같았다. 요리에 대한 열정도 있었고, 대학에서 성인들을 대상으로 강의하면서 나름대로 대화의 기술도 익혀 놓았으니 모든 준비는 끝난 것이나 다름없었다. 무엇보다 직장에 다닐 필요 없이 집에서 편하게 일할 수 있다는 점이 가장 좋았다.

세상에 하나 뿐인 '키친 쇼'를 보여 드립니다!

그녀는 일단 조리 기구를 보러 다녔다. 주부의 입장에서 가장 편리한 기구를 선택해 요리에 접목시키기 위해서였다. 대형 주방용품 전문 매장 수십 곳을 돌며 수천여 가지의 물건들을 훑어보는 데 몇 주일이나 걸렸다. 그 중에서 175개의 주방용품을 골라냈다.

구입한 조리 기구는 하나씩 부엌에서 모두 사용해 봤다. 그리고 조리 기구들을 응용하기 좋게 세트별로 분류했다. 드디어 주부들이 가장 간편하게 사용할 수 있으면서 조리 시간도 최대한 줄일 수 있는 조리 기구 세트가 탄생했다. 그녀는 여기에 맞게 새로운 요리법도 개발해 냈다. 그녀는 준비된 조리 기구들을 집 지하실에 세트별로 쌓아 놓고, 평소 알고 지내던 주부들에게 차례로 전화를 걸었다.

이제 그녀는 주부들 앞에서 화려한 키친 쇼를 벌일 계획이었다.

"제니, 이번 주 혹시 시간 낼 수 있어?"

"왜 무슨 좋은 일이라도 있니, 도리스?"

"응, 넌 식사 준비하는 데 보통 얼마나 걸리니?"

"최소한 한 시간은 잡아야 해. 넌?"

"난 30분이면 족해."

"어떻게?"

"토요일에 우리 집에 와 보면 알게 될 거야. 내가 환상적인 키친 쇼를 준비했으니까."

키친 쇼란 말 그대로 부엌에서 벌이는 쇼다. 그녀는 매장을 돌며 엄선한 비장의 주방용품을 소개하면서 실제로 요리도 해 보고 시식도 해 볼 생각이었다. 자신은 조리 기구를 사라고 강요하지 않으면서도 제품의 장점을 소개할 수 있고, 참석한 주부들은 유익한 요리 정보를 얻을 수 있으니, 그야말로 누이 좋고 매부 좋은 격이었다.

드디어 키친 쇼가 열리는 토요일. 그녀의 집 부엌에는 동네 주부들이 모여 들었다. 주부들은 사실 반신반의하고 있었다. 어차피 한가한 토요일 오전에 열리는 행사이니 밑질 것도 없다 싶어 온 경우가 대부분이었다.

주부들이 모두 모이자 그녀는 조리 기구들을 꺼내 전시하기 시작했다. 번쩍거리는 최신형 강판에, 고기 자르는 칼, 사과나 배 등의 과일 씨를 도려내는 기구, 감자나 과일 등의 껍질을 벗기는 기구, 조미료나 음식의 양을 재는 기구 등 신기한 주방용품이 나올 때마다 주부들은 깜짝 놀랐다. 마지막으로 그녀는 고급스러운 그릇들을 꺼내 멋있게 늘어놓았다.

이젠 요리를 할 시간. 그녀는 절제되고 세련된 모습으로 재료를 씻고 다듬고 썰었다. 그리고 빠르게 조리해 그릇에 예쁘게 담았다. 그녀의 손이 움직일 때마다 주부들의 눈길이 따라 다녔다.

모든 과정이 끝나자 그녀는 주부들에게 그녀가 사용한 조리 기구들을 직접 사용해 보게 했다.

사실 모든 기구는 이미 시중에서 팔리고 있는 것들이었지만, 수천 가지 중에서 가장 다루기 쉽고 편리한 것들만 엄선했기 때문에 주부들의 눈은 연신 휘둥그레졌다. 게다가 그녀가 각각의 기구에 맞는 간편한 요리법까지 알려 주는 터라, 한결 편리하다고 느끼는 사람이 많았다.

주방용품 회사의 이름은 '만족한 주방장'
처음 시도한 키친 쇼는 대성공이었다. 참석했던 주부 모두가 최소한 한 세트씩 사 갔다. 입소문을 타고 저절로 홍보가 된 덕에 그 후로도 며칠 동안 전화 주문이 끊임없이 이어졌다. 그녀는 회사 이름을 '만족한 주방장 Pampered Chef'이라고 지었다. 자기 회사의 주방용품을 사 쓰는 사람이면 누구나 만족하게 된다는 뜻이었다.

하지만 그녀는 거기에서 만족하지 않았다. 더욱 편리한 주방용품을 발굴해 내는 데 몰두했다. 점점 자신의 아이디어를 더해 기존에 판매되고 있는 기구를 더 편리하게 변형시키거나 아예 새로운 기구로 만들어 내기도 했다.

실제로 현재 그녀의 회사에서 판매하는 주방용품의 75%는 독자적으로 생산해 낸 것들이며, 조리 기구 한 개를 개발하는 데는 보통 1년 이상이 걸린다. 아울러 그녀는 이런 독특한 조리 기구의 활용법을 소개하는 요리책도 발간했다.

팸퍼드 셰퍼는 1년 뒤 판매 직원이 열두 명으로 늘어났고 포장 직원과 배달 직원도 하나둘씩 충원되었다. 설립한 지 1년 만에 무려 10만 달러의 돈을 벌어들였다. 사업이라고는 전혀 해 본 적도 없는 주부가 첫 해에 남긴 이익으로는 놀라우리만큼 큰 것이었다.

▌도리스 크리스토퍼의 성공 포인트 3가지

1. 주부들에게 가장 필요한 조리 기구는 무엇인지에 대해 관심을 기울였다.
2. 키친 쇼라는 새로운 개념의 프로모션 방법을 생각해 냈다.
3. 늘 새로운 아이디어로 최고로 편리한 주방용품을 만들기 위해 노력했다.

남들과 다른 디자인의 선물 바구니를
기업체에 납품하고 있어요

Adriana Copaceanu

아드리아나 코페이시누
기업체 전용 선물 바구니 업체 창립자
www.abcgiftsandbaskets.com

신문 기사를 보고 우연히 생각해 낸 아이디어였지만, 그녀는 최고의 선물 바구니를 만들기 위해 꾸준히 공부했다. 또한 색다른 바구니로 기업체의 대량 주문을 따냈으며, 자신을 푸대접하거나 당장 물건을 사 주지 않는 회사까지도 성의를 다해 지속적으로 관리했다.

현재 미국의 크고 작은 회사들은 판촉용 선물 바구니가 필요할 땐 하나같이 아드리아나에게 연락한다.

선물 바구니를 한번 만들어 볼까?

"야, 이 녀석아! 방이 이게 뭐니? 꼭 돼지우리 같구나!"

"엄마, 왜 또 그러세요? 숙제하느라고 바빠 죽겠는데……."

"숙제면 다냐? 뼈 빠지게 일하다 돌아왔는데, 엄마가 네 방까지 치워줘야 하니? 넌 손도 없어, 응?"

그녀는 이제 막 중학교에 들어간 아들을 향해 마치 잡아먹기라도 할 것처럼 으르렁거렸다. 그녀는 직장에서 돌아오면 애꿎은 아들에게 심통을 부리기 일쑤였다. 고된 일과가 끝나면 아들조차 달갑지 않았다. 혼자서 꾸역꾸역 목구멍에 밀어 넣는 저녁도 영 맛이 없었다.

아이들이 잠자리에 들고 사위가 조용해질 때쯤에야 슬그머니 미안한 마음이 밀려왔다.

'아이들이 무슨 죄가 있나? 피곤하다고 심통만 부리다니! 이렇게 살면 안 되는데…….'

아드리아나는 루마니아 출신이다. 그녀는 나라의 혼란을 피해 남편과 두 아이와 함께 온갖 위험을 무릅쓰고 미국으로 건너왔다.

캘리포니아에 정착한 지 이제 10년. 그녀는 막노동판을 전전하며 악착같이 살아온 끝에, 어느 영세업체의 매니저 지위에까지 올랐다. 하지만 워낙 바쁜 직업이라 늘 피곤에 지쳐 떨어져야 했고, 집에 돌아오면 늘 짜증만 날 뿐이었다.

이제는 가족들과 함께할 시간을 갖고 싶었다. 집에서 돈을 벌 수 있는 직업이 있으면 얼마나 좋을까? 그럼 아이들도 좀더 사랑스럽게 대할 수 있을 텐데…….

2000년 초 어느 일요일 아침, 신문을 뒤적이던 그녀의 눈이 갑자기 빛나기 시작했다. 주부들이 집에서 시작할 수 있는 사업에 관한 특집기사가 실려 있었던 것이다.

기사를 읽어 내려가는 내내 심장이 쿵쿵거렸다. 그녀는 선물 바구니 사업에 유독 관심이 갔다.

그녀는 이때부터 무려 9개월 동안이나 선물 바구니에 대해 철저히 연구하고 조사하는 데 매달렸다. 사업에 성공하려면 철저한 사전 조사가 필수적이라고 생각했기 때문이다. 우선 선물 바구니 전문지를 구독했으며, 관련된 책과 비디오도 구입해 보았다.

어느 정도 정보를 습득했다는 생각이 들자 이번에는 온라인 선물 바구니 판매 사이트들을 뒤지기 시작했다. 실제로 선물 바구니 두세 개를 직접 주문해 디자인이나 포장 상태 등을 세밀히 관찰했다. 확실한 출발을 위한 투자였던 것이다.

왕초보 주부의 좌충우돌 사업 첫 단계

그녀는 사업을 시작하기에 앞서 마지막 점검을 하고 싶었다. 그것은 바로 선물 바구니 가게를 실제로 찾아가 현장 실습을 하는 것! 전화번호부를 뒤져 가게의 연락처를 찾아낸 그녀는 용기를 내 전화를 걸었다.

"저, 혹시 가게 좀 구경할 수 있을까요?"

"언제든지 오셔서 구경하시고 고르세요."

"저, 물건을 사려는 게 아니라, 그냥 구경 좀……."

"무슨 구경요?"

"저도 선물 바구니 가게를 하나 내고 싶어서……."

"새 가게를 낸다고요? 아니, 이 지역에 말인가요?"

"아유, 아니죠! 저 멀리 동부 지역에 가서요."

가게 주인은 드넓은 미국 땅 저 반대편에 가서 가게를 차릴 계획이란 말을 듣고서야 그러라고 했다. 다행스럽게도 가게 내부는 물론 작업실까지 구경할 수 있었다. 그렇게 그녀는 몇몇 가게를 돌며 물건을 고르는 일부터 리본을 묶는 법까지 선물 바구니에 관한 모든 것을 배워 나갔다.

얼마 뒤 그녀는 작은 도시로 이사했다. 이삿짐이 정리되자마자 준비했던 대로 사업에 착수했다. 2000년 10월이었다. 선물 바구니용 물건을 구입하고, 웹 사이트도 개설했다. 워낙 준비를 철저히 했던 터라 사업을 시작하는 것은 힘들지 않았다. 문제는 고객 확보였다.

그녀는 처음부터 일반인들이 아니라 기업체 대상의 온라인 선물 바구니 회사를 염두에 두고 있었다. 기업체들이 고객이나 거래처 관리를 위해 선물 바구니를 대량으로 사들이는 경우가 많다는 걸 이미 알고 있었기 때문이다.

하지만 기업체에 연락해 판매망을 뚫을 일이 막막했다. 그녀는 친척 하나 없을뿐더러 이사 온 지 얼마 안 돼 인맥은커녕 제대로 아는 사람조차 없는 처지였다.

그녀는 다시 전화번호부를 뒤졌다. 인근에 자리 잡은 모든 회사의 판촉 담당자들에게 일일이 전화했다. 그리고 명절이나 판촉행사 등에 선물 바구니를 사용하는지 확인했다. 지금 당장 구매하지 않는 경우에도 자신의 명함과 연락처, 선물 바구니 홍보 전단을 보내 줬다.

힘든 작업이었지만 그때까지만 해도 다른 방법이 없었다. 그래도 여러 회사들 중 한 군데만이라도 주문을 넣는다면 대박을 터뜨릴 수도 있었다. 하지만 두 달이 지나도록 일거리는 들어오지 않았다. 그녀가 만든 회사는 개점휴업 상태였다.

그때였다. 그녀의 고민을 한번에 날려주는 고마운 전화가 드디어 걸려왔다. 제품 전시회 때 쓸 선물 바구니를 100개나 보내 달란 것이었다. 그녀는 정신없이 바구니를 만들기 시작했다. 그런데 이게 웬일? 잠시 후 그 회사에서 다시 전화가 왔다. 규모가 커졌기 때문에 50개를 더 만들어 달란 것이었다. 정신없이 만드느라 몸은 힘들었지만, 그녀가 기록한 첫 번째 수익이었다.

기업체의 선물 바구니는 내가 책임진다!
그녀는 자신의 선물 바구니를 어떻게 하면 일반인들에게 더 노출시킬 수 있을 것인지 고민했다. 입소문을 내려면 이리저리 움직이는 게 최고다. 그래서 지역 상공회의소에도 가입하고 아이들 학교의 모금 행사에 선물 바구니를 기증하기도 했다. 그녀는 강좌를 열어 선물을 포장하거나 리본을 묶는 방법을 무료로 가르쳐 주기도 했다. 그리고 손님들에게 요금을 청구할 땐 반드시 명함을 함께 주곤 했다.
　치밀하게 준비를 많이 했지만 실수도 제법 있었다. 바구니를 장식할 액세서리들이 너무나 예쁘고 귀여워서 무턱대고 잔뜩 사다 놓았다가 한동안 창고에서 그대로 묵혀야 했던 일이 대표적인 실수 중 하나다. 아직 사업 초기라 자금도 넉넉하지 않은 상황에서 쓸데없는 데에 돈을 낭비했던 셈이다.
　하지만 다행히도 큰 실수는 없었다. 워낙 사전 준비가 철저했고, 집에서 혼자 하는 온라인 사업이라 위험 부담이 적었기 때문이다. 사업 초기에 일감이 없어 절망하고 있을 땐 남편이 격려해 줬다. 낯선 땅에서 맨손으로 시작했으니, 더 잃을 것도 없다는 것이었다.
　남편 말이 맞았다. 2000년 늦가을에 시작한 선물 바구니 사업은 어느덧 상당한 수의 고객들을 확보해 놓고 있다. 고객들의 대부분은 역시 기업체들이다. 그녀가 기업체에 찾아가 판촉 전략으로 선물 바구니를 활용하도록 적극 유도한 덕분이다.

　그녀의 온라인 판매 사이트에는 언제나 다양한 선물 바구니들이 가득하다. 그녀는 몸이 두 개라도 모자란 경영자들을 위해 원스톱 선물 바구니도 만들었다. 이 모든 것이 다, 새로운 아이디어로 남들과는 다른 바구니를 만들어 내고자 했던 노력의 결과다.

아드리아나 코페이시누의 성공 포인트 3가지

1. 사업을 시작하기 전에 충분한 자료 조사와 정보 습득의 과정을 거쳤다.
2. 모르는 것은 자존심을 버리고 반드시 물어보고 배웠다.
3. 기업체들이 판촉 활동으로 대량주문 한다는 사실에 착안해 틈새시장을 집중 공략했다.

단짝 친구와 함께 만든
특별한 짐 가방으로 백만장자 됐어요!

Barbara Baekgaard & Patricia Miller

바바라 백가드 & 패트리샤 밀러 |
명품 가방 업체 창업주
www.verabradley.com

우연히 공항에서 본 사람들의 짐 가방이 초라했다는 점에 착안한 두 사람은 갖은 시행착오 끝에 세련된 가방을 만들어 냈다.
힘들게 만든 제품을 대형 소매점과 부티크에 직접 납품했으며, 의류나 가방 전시회에 쫓아다니며 제품을 알렸다.
두 사람이 설립한 회사 '베라 브래들리 Vera Bradley'는 첫해에만 무려 30만 달러의 매출을 올렸으며, 3년 만에 연 매출액 100만 달러를 돌파했다.

옆집에 이사 온 주부와 단짝이 됐어요!

바바라가 사는 동네엔 '환영 위원회'란 제도가 있었다. 한 동네에 같이 살게 된 것을 환영한다는 뜻에서 새 이웃을 동네 사람들에게 소개시켜 줄 사람을 선임하는 제도였다. 이번엔 그녀가 새로 이사 온 옆집 주부를 데리고 다니며 인사시키는 역할을 맡았다. 그러는 동안 두 사람은 오래 사귄 친구처럼 단짝이 됐다.

그러던 어느날, 먼 곳에 사는 친구로부터 전화가 걸려 왔다. 집에서 트렁크 쇼를 해 보면 어떻겠느냐는 내용이었다. 트렁크 쇼란 말 그대로 회사 직원이나 디자이너가 최신 유행하는 옷을 트렁크에 잔뜩 담아서 가정집을 돌아다니며 펼치는 작은 쇼이자 의류 설명회였다.

그녀는 당장 옆집 여자와 함께 친구네 동네로 달려갔다. 그리고 의류 회사를 찾아가 자신의 집에서도 트렁크 쇼를 열게 해 달라고 설득했다. 의류 회사는 두 사람의 열의에 감동했다. 드디어 그들은 옷이 잔뜩 들어 있는 트렁크를 차에 싣고 집으로 돌아왔다. 그녀는 집에서 쇼를 열고 직접 판매까지 했다. 평소 그녀를 알고 지내던 많은 주부들이 찾아와 옷을 사 갔다. 의류 회사는 그녀의 영업력에 감탄했고, 몇 차례 더 트렁크 쇼를 열어 달라고 부탁했다. 그녀는 영업에 큰 자신감을 얻게 됐다.

짐 가방들은 왜 하나같이 촌스러울까?

그녀는 친정아버지의 75세 생신을 축하하기 위해 시골로 내려가야 했다. 여행 삼아 옆집 친구도 함께 가기로 했다. 두 사람은 비행기를 타러 공항에 가면서 이상한 점 하나를 발견했다. 사람들이 들고 다니는 짐 가방들이 하나같이 어두운 색에 디자인도 촌스러웠던 것이다. 여성들의 가방은 세련된 디자인이 필요할 거란 생각이 들었다.

"우리가 직접 만들어 보면 어때?"

두 사람은 동시에 소리쳤다. 이것이 기회라고 판단했던 것이다. 그들은 집으로 돌아온 후 곧바로 일을 시작했다. 각각 200달러씩 투자해 마음에 드는 직물을 구입해서는 여러 가지 모양의 핸드백과 짐 가방을 디자인했다. 공항에서 보았던 것과는 달리 디자인과 색상에 특히 신경을 썼다. 동네에서 알고 지내던 재봉사에게 부탁해 모두 스무 개의 가방을 만들었다. 그리고 기회를 기다렸다. 바로 트렁크 쇼였다. 의류 회사가 트렁크 쇼를 열 때 자신들이 디자인한 가방들을 함께 끼워 선보일 생각이었다. 상표는 베라 브래들리라고 지었다.

드디어 의류 회사의 트렁크 쇼가 열리는 날. 놀랍게도 가방 스무 개가 순식간에 팔려나갔다. 베라 브래들리는 동네에서 유명한 상표가 됐다. 두 사람은 처음엔 자신들이 직접 만든 가방이란 사실을 사람들에게 알리지 않았다. 혹시라도 팔리지 않을까 봐 두려웠기 때문이다. 하지만 주문 전화가 쇄도하자 일대 전환이 필요하다는 것을 깨달았다.

대량생산 체제에 들어가다!

그녀는 대도시에 있는 직물 공장에 가기로 했다. 싼값에 대량으로 직물을 구입하기 위해서였다. 직물을 사기 위한 자금은 은행에서 빌리기로 했다. 다음날 그녀는 옆집 친구와 함께 창립 자금 융자 창구를 찾아 2천 달러를 빌려 달라고 했다. 하지만 창구 직원은 무표정한 얼굴이었다. 가능하다는 것인지 안 된다는 것인지 도무지 알 수가 없었다. 잠시 기다렸더니 은행 직원은 대뜸 "안 되겠는데요"라고 말하더니 사라졌다.

그녀는 너무 화가 나 참을 수 없었다. 생각 같으면 그에게 달려가 따지고 싶었다. 하지만 친구는 그녀를 말렸다. 중요한 것은 그에게 화를 내는 게 아니라 돈을 빌리는 것이란 점을 상기시켰다. 친구의 말이 맞았다. 두 사람은 다른 직원을 찾아갔다. 새로 만난 직원은 무척 친절했다. 설명을 듣더니 흔쾌히 돈을 빌려 주겠다고 말했다. 그들은 은행을 나오며 말했다.

"신뢰 가지 않는 사람과는 두 번 다시 말하지 않는 게 좋겠어."

"맞아. 적대적인 사람과 길게 얘기해 봐야 시간 낭비일 뿐이지."

두 사람은 좋은 교훈을 얻었다고 생각했다. 이 돈을 밑천으로 그들은 직물을 사서 가방을 만들었다. 두 번째 만든 제품 역시 반응이 좋았다. 이처럼 소박하게 시작한 회사는 점점 규모가 커져 갔다.

이제 베라 브래들리는 100명의 직원이 일하는 중견기업으로 성장했다. 또한 직물 연구소, 창고 등을 갖춘 대형 의류 업체의 반열에 올랐다. 생산 품목도 핸드백과 짐 가방, 액세서리 등 모두 800여 가지로 늘어났다.

'동업하면 망한다'는 속설도 그녀와 친구에겐 통하지 않는다. 두 사람은 늘 서로의 부족한 점을 보완하고 아껴 주는 파트너이자 동반자의 역할을 하고 있다. 그들은 백만장자를 꿈꾸는 주부들에게 이렇게 말한다.

"뭔가 될 것 같다는 직감이 들면 과감하게 밀고 나가세요. 실패할 가능성만 생각하면 어떤 일도 못합니다. 시도조차 하지 않는 것보다는 한번 부딪혀 보고 실패하는 게 훨씬 낫습니다."

바바라 백가드 & 패트리샤 밀러의 성공 포인트 3가지

1. 공항에서 사람들이 들고 다니는 짐 가방을 보고 세련된 디자인으로 만들기로 결심했다.
2. 트렁크 쇼에서 자신들이 만든 가방의 인기를 확인한 뒤 본격적인 사업에 뛰어들었다.
3. 동업자를 경쟁자로 생각하지 않고, 따뜻한 우정을 지켜 나갔다.

가족처럼 편안한 심부름 업체 만들었더니 회사 규모가 커지네요

Julie Hagenmaier

줄리 하겐마이어 |
전천후 심부름 업체 '마이 걸 프라이데이 My Girl Friday' 창립자
www.egirlfriday.com

2002년, 줄리 하겐마이어가 창립한 마이 걸 프라이데이는 미국 여행사 협회 연례 회의에서 '마이 네이버 My Neighbor'란 자회사를 발족시켰다. 자회사는 여행사들과 파트너십 계약을 맺었다. 사업가들이 출장 등으로 집을 비우게 될 때 마이 네이버가 마치 이웃처럼 모든 집안일을 처리해 주는 것이다. 마이 걸 프라이데이의 매출액은 창업 이후 매년 평균 78%씩 증가해 왔다. 본부 직원은 25명뿐이지만 미국 전역 52개 도시의 업체들과 손잡고 다양한 서비스를 제공하고 있다.

바쁠 때 일손을 덜어 줄 사람, 어디 없나요?

제약 회사의 영업사원이었던 그녀는 약사 회의에 참석하고 집으로 돌아오는 길이었다. 약을 팔려면 약사들이나 의사, 병원 직원들의 모임을 부지런히 쫓아다녀야 했다. 직접 약국이나 병원을 찾아다니며 사정하는 경우도 많았다. 하지만 그날의 회의는 예정보다 무려 한 시간이나 길어졌다.

그녀는 유아원에 맡긴 딸을 제시간에 데려와야 했다. 하지만 교통경찰이 많은 도로에서는 제대로 달릴 수가 없었다. 단속 지역을 지나 속력을 냈다. 그런데 이게 웬일인가? 어디 숨어 있었는지 교통경찰이 뛰쳐나왔다. 결국 그녀는 속도위반 딱지를 떼었다. 70달러를 날리는 순간이었다.

유아원 앞에 도착하니, 이미 문 닫을 시간이 훨씬 지나 있었다. 지난주에도 유아원이 끝나기 바로 직전에야 겨우 아이를 데리러 간 적이 있었다. 역시나 문은 닫혀 있었다. 문 위에는 선생님의 전화번호가 적힌 메모지가 붙어 있었다. 아이를 데려오니 밤 아홉 시였다. 아이는 배고프다고 보챘지만 냉장고 안에는 냉동 완두콩밖에 없었다.

오늘처럼 남편이 출장 가 있을 때면 도무지 정신을 차릴 수 없었다. 아이를 제시간에 데려오기도 힘들었고 시장에 갈 짬조차 나지 않았다. 아이를 재운 뒤 그녀는 생각이 많아졌다. 하루 종일 유모를 두기는 어렵고 필요한 시간에만 불러 쓸 수 있는 사람을 구하기란 하늘의 별 따기였다.

'나처럼 필요할 때만 잠깐씩 사람을 불러 쓰려는 사람들이 많을 텐데……. 아예 내가 직접 그런 일을 시작해 보면 어떨까? 시간이 없어 쩔쩔매는 맞벌이 부부들에게 개인 비서 역할을 해 주는 거야.'

고객의 일을 가족처럼 친절하게 도와주는 심부름업체

그녀는 다음날 제약회사에 사직서를 제출했다. 대신 중소기업청 지부를 찾아갔다. 그곳에서는 창업 분야의 전문가들을 소개시켜 주고 상담도 해 줬다. 그녀는 자신이 선택한 사업이 승산이 있는지, 그렇다면 어떻게 시작해야 할 것인지 등을 물어보았다. 그녀는 전문가의 조언을 받아 회사 이름을 마이 걸 프라이데이라고 지었다.

그녀의 회사는 작은 심부름부터 아이들의 생일 파티 기획, 고장 난 자동차 고쳐 오기, 요리하기 등에 이르기까지 모든 일을 대신 처리해 주는 만능 해결사를 자처했다. 회사가 스스로 해결하지 못하면 관련 분야 전문가들을 연결시켜 주었다. 소문이 퍼져 나가면서 기업 고객들도 생겨났다.

어느 날 고객들 가운데 한 여성이 출장을 떠나게 되었다. 그 여성은 화장품 업체 홍보 담당 책임자였는데, 몇 년 전 이혼한 뒤 중학교에 다니는 딸과 함께 살고 있었다. 출장이 딸의 방학과 겹친 덕에 그녀는 딸과 함께 여행 겸 출장을 떠나게 되었던 것이다. 그 고객은 자동차 엔진 오일 교환, 옷장에 걸려 있는 분홍색 투피스를 딸의 티셔츠와 반바지 등과 함께 세탁소에 맡길 것, 집에서 키우는 고양이를 동네 수의사에게 데려가 건강 검진을 받을 것, 시장을 봐서 간단한 요리를 해 놓을 것 등을 부탁했다.

그녀는 그 고객이 시킨 것을 한 치의 오차도 없이 정확히 처리했다. 이후 마이 걸 프라이데이는 꼼꼼하게 일해 주는 회사란 입소문이 나기 시작했고 고객들이 꾸준히 늘어났다.

미국 여행사 협회를 잡아라!

그 뒤에도 출장으로 집을 비우게 된 회사원들의 전화가 간간이 걸려 왔다. 직장일 하랴, 살림 챙기랴, 이리저리 바쁜 주부 회사원들이 대부분이었다. 휴가를 가기 위해 집을 비우는 사람들도 많았다.

며칠씩 집을 비워야 하는 사람들은 대개 가까운 이웃이나 친척들에게 집을 봐 달라고 부탁한다. 사정이 여의치 않으면 그냥 집을 비워 놓고 떠나는 경우도 많다. 하지만 그럴 경우 여행 기간 내내 불안하기 마련이다. 그런 이들을 모두 고객으로 확보하는 방법은 없을까 생각하던 그녀는 여행사와 손잡는 게 최고란 결론을 내렸다.

그녀는 미국 여행사 협회를 설득하기 위해 나섰다. 제대로 설득만 하면 다시 한 번 크게 도약할 기회를 잡는 것이다. 그녀는 여행사들이 도저히 거부하기 어려울 만큼 매력적인 내용을 제시했다.

여행사가 그녀의 회사에 여행객을 소개시켜 주면, 마이 걸 프라이데이는 여행사에 10%의 커미션을 떼어 주는 것이다. 과거엔 항공사들이 여행객을 소개받고 커미션을 떼어 주곤 했지만, 인터넷 예약이 늘어나면서 항공사들이 굳이 여행사를 거칠 필요성이 줄어들고 있었다. 마침 이런 때에 그녀가 획기적인 제안을 한 터라 여행사들로서는 거절할 이유가 전혀 없었다. 또한 치열한 경쟁에서 살아남아야 하는 여행사들이 서비스 질을 개선할 수 있는 기회이기도 했다.

그녀는 이렇듯 새로운 아이디어로 사업을 시작한 지 얼마 안 돼 확고하게 자리를 잡았고, 오늘도 고객들을 위해 열심히 뛰고 있다.

줄리 하겐마이어의 성공 포인트 3가지

1. 자신에게 꼭 필요한 일을 아예 사업 아이템으로 선택했다.
2. 고객들이 크고 작은 일들을 모두 내 일처럼 처리했다.
3. 미국 여행사 협회를 설득해 또 다른 사업을 시작했다.

개성 있는 도자기 세트 만들었더니
억만장자가 됐어요!

Victoria MacKenzie-Childs

빅토리아 맥켄지-차일즈 |
미국 굴지의 도자기 제조업체 '맥켄지-차일즈' 창립자
www.mackenzie-childs.com

한때 가난한 도예가 지망생이었던 빅토리아 맥켄지-차일즈는 꾸준히 노력해 자신만의 개성이 담긴 도자기 세트를 만들어 성공했다.
1984년 뉴욕 도자기 전시회에 출품해 엄청난 반향을 불러일으켰으며, 뉴욕의 고급 백화점 니만 마커스가 그녀의 도자기를 판매하겠다고 나선 뒤부터는 최고급 도자기의 대명사로 떠올랐다.
그녀의 회사는 이제 종업원 300명을 거느린 미국 굴지의 도자기 업체로 성장해 있다.

우리 부부는 왜 이렇게 가난할까?

어릴 적부터 미술을 좋아했던 그녀는 대학교와 대학원에서 모두 미술을 공부했다. 대학원에 다닐 때엔 학비 조달을 위해 다른 대학에서 강의를 맡기도 했는데, 그곳에서 남편을 만나 결혼까지 했다. 두 사람은 모두 미술과 조각에 뜨거운 열정을 갖고 있었다.

결혼 후 그녀는 도자기를 만들어 뉴욕 도자기 상점에 내다 팔았다. 그리고 남편은 요리사 아르바이트를 하며 힘들게 대학원에 다녀야 했다. 졸업 후 그는 일자리를 구하지 못해 이곳저곳을 전전하다가 겨우 연봉 4천 달러를 받고 대학 강사로 취직했다. 쥐꼬리만한 돈으로 부부와 아이가 먹고 살려니 여간 힘든 게 아니었다.

어느 날 남편은 야생 옥수수가 무성하게 자라고 있는 들녘 한복판에서 쓰러져 가는 폐가를 찾아냈다. 40년 동안이나 방치됐던 집이라 방마다 거미줄 천지였다. 그나마 전화가 된다는 게 다행이라면 다행이었을 뿐, TV도 없고 난방 시설도 없었다. 난방을 하려면 땔감을 구해다 난로에 불을 지펴야 했다.

가구 살 돈이 없었던 그들은 버려진 물건들을 이것저것 주워 모아 손질해서 썼다. 그녀는 먼지가 켜켜이 낀 벽을 청소하고 화려한 색채의 그림을 그려 넣었다. 그나마 집 안에 밝은 분위기가 생겼다.

이사 온 뒤에도 남편은 강의를 계속했다. 그녀는 생계를 위해 낮에는 밭에 나가 일하고 밤에는 도자기를 빚었다.

식구들이 모두 잠든 어느 날 밤, 그녀는 설움에 복받쳐 울음을 터뜨리고 말았다. 낮엔 들판에 나가 일하랴, 밤엔 도자기 만들랴, 손이 모두 헐어 감각조차 남아 있지 않았다.

어린 딸은 또래 아이들보다 속이 깊었다. 낮에 엄마를 돕거나 혼자 놀면서도 여느 아이들처럼 불평을 늘어놓는 일이 없었다. 크리스마스가 되어도 선물을 사 달라고 조르는 법도 없었다. 오히려 크리스마스는 남에게 도움을 주는 날이라고 기억하는 아이. 딸은 항상 자신이 하고 있는 일이나 놀이에 몰입할 뿐이었다. 한 시간 뒤, 혹은 내일 무슨 일이 닥쳐오든 아랑곳없이 늘 현재에 몰입해 있었다. 그녀는 딸의 모습을 보며 힘을 얻었다.

딸은 여덟 살 때 영국 왕립발레단에 관한 책을 선물로 받았다. 읽을 만한 책이 없었던 아이는 그 책을 읽고 또 읽었다. 그리고 언제부턴가 틈날 때마다 발레 동작을 연습했다. 침대 발판을 발레 연습실의 가로장으로 삼아, 책을 보며 여러 동작을 따라했다. 몇 달간 그렇게 연습하던 딸이 어느 날 불쑥 빅토리아에게 물었다. 영국 유학을 가려면 어떻게 해야 하느냐는 것이었다. 그녀는 돈을 모으면 갈 수 있다고 대답했다.

그녀는 겨우 여덟 살 난 아이가 영국으로 유학 갈 돈을 벌 순 없으리라 생각하곤 이내 곧 잊어버렸다. 그런데 어느 무더운 여름날 야생 나무딸기 숲에서 딸을 발견했다. 아이는 매일 그곳에 달려가 고사리 같은 손으로 부지런히 딸기를 딴 후 작은 손수레에 싣고 마을 시장에 내려가 팔았던 것이다. 그리고 번 돈은 단 한 푼도 쓰지 않고 빠짐없이 모아 뒀다. 그렇게 모은 돈이 어느새 350달러나 됐다. 다음해에도, 그 다음해에도 딸은 딸기를 팔아 돈을 모았다. 그렇게 시간이 흘러 드디어 영국까지 갈 수 있는 항공료와 수업료, 발레 학교의 중고 교복을 살 수 있는 돈을 마련했다.

드디어 딸이 영국으로 떠나는 날이 왔다. 어린 딸을 영국에 보내는 건 좋았지만, 엄마로서 아무 도움이 되지 못했다는 자책과, 돈이 없어 아이를 영영 만나러 가지 못할 거란 두려움이 뼛속까지 스며들었다. 떠나는 비행기를 바라보며 그녀는 하염없이 울었다.

도자기 세트로 다시 시작한 나의 인생

해가 갈수록 그녀는 딸이 보고 싶었다. 어느 날 라디오에서, 가난하게 살다가 끝내 굶어죽은 예술가의 사연을 듣고서는 정신이 번쩍 들었다.

'나도 이렇게 살다가는 같은 신세가 될 거야. 예술가들은 왜 꼭 이렇게 살아야만 해? 딸을 보러 갈 비행기표 한 장 못 사다니……'

그녀는 돈을 벌기로 마음먹었다. 그리고 도자기 만들기에 빠져들었다. 그동안 극심한 가난 속에서도 꾸준히 연구해 왔던 작품들을 하나하나 빚어내는 동안 희열이 밀려왔다. 자신의 혼이 실린 도자기였다. 남편은 예술품이 아닌 판매용 도자기를 만든다는 데 거부감을 갖고 있었다. 하지만 그녀는 이제 남편이 뭐라 하든 개의치 않았다.

드디어 그녀는 자신이 만든 도자기를 뉴욕 상점에 전시했다. 그녀는 상점 구석에 제품들을 조심조심 내려놓았다. 그런데 웬일인가? 순식간에 손님들이 몰려들었다. '빅토리아 맥켄지-차일즈'란 이름의 독특한 도자기들을 보고 모두 입을 딱딱 벌렸다. 그날 하루 동안 팔린 도자기만 무려 7천 달러어치, 그녀로서는 평생 처음 만져 보는 어마어마한 돈이었다.

그 후 주문은 끊이지 않고 밀려들었다. 그녀 혼자서는 도저히 감당하기 힘들었다. 그녀는 미술을 전공하는 대학생 두 명을 고용했다. 도자기를 굽는 화로도 스스로 만들어 냈다. 주문이 갈수록 늘어나면서 남편도 합류했다. 그녀의 사업은 점점 더 번창했다. 더 큰 공장으로 작업장을 옮길 무렵 주저하던 남편도 마음을 고쳐먹었다. 강의를 맡았던 학교에 1년간 휴직서를 내고 그녀를 돕기 시작했다.

1984년 그녀의 작품들은 뉴욕 도자기 전시회에 출품돼 엄청난 반향을 불러일으켰다. 뉴욕의 고급 백화점 니만 마커스가 그녀의 상품들을 판매하겠다고 제의해 왔다. 그때부터 '빅토리아 맥켄지-차일즈'는 최고급 도자기 제품의 대명사가 되었다. 다른 백화점들도 뒤질세라 빅토리아의 도자기를 판매하겠다고 나섰다. 빅토리아가 세운 이 회사는 이제 종업원 300명을 거느린 미국 굴지의 도자기 업체로 성장했으며, 20년 가까이 호황을 누리고 있는 중이다.

빅토리아 맥켄지-차일즈의 성공 포인트 3가지

1. 계속 찾아드는 불행에도 좌절하지 않았다.
2. 아무리 가난해도 예술을 향한 열정을 잃지 않았다.
3. 자신만의 독특한 도자기를 만들기 위해 최선을 다했다.

참고 자료

인터넷 사이트

www.onlinewbc.gov

www.score.org

www.ladieswholaunch.com

www.successstories.com

www.nfwbo.org

www.mah.org

www.homebusinessreport.com

www.franchise.org

미디어

Women-owned Business in 2002, Center for Women's Business Research

Women in Business 2001, US Small Business Administration

The Oprah Winfrey Show, June 26, 2002

서적

Forbes Greatest Business Stories of All Time, by Daniel Gross, Forbes Magazine

Millionaire Women Next Door, by Thomas J. Stanley, Andrews McMeel Publishing

Women's Ventures, by Shoshana Alexander, The Crossing Press

Millionaire Women, by Jeanne Torrence Hauer, Barrington Publishing

Women Entrepreneurs Only, by Gregory K. Ericksen, John Wiley & Sons, Inc

세상은 돈 잘 버는 아줌마를 원한다

초판 1쇄 발행일 | 2004년 11월 03일
초판 2쇄 발행일 | 2004년 11월 30일

지은이 | 김상운
펴낸이 | 이숙경

펴낸곳   이가서
주소   서울시 마포구 서교동 330-1 2F
전화 · 팩스 02-336-3502~3   02-336-3009
이메일   leegaseo@naver.com
등록번호   제10-2539호

ISBN 89-5864-035-9 03800

가격은 뒤표지에 있습니다.
저자와 협의하여 인지는 생략합니다.